全国干部学习培训教材
QUANGUO GANBU XUEXI PEIXUN JIAOCAI

社会主义文化强国建设

全国干部培训教材编审指导委员会组织编写

人民出版社

党建读物出版社

序　言

　　面对复杂严峻的国际形势，面对艰巨繁重的改革发展稳定任务，想一帆风顺推进我们的事业是不可能的。可以预见，前进道路上，来自各方面的困难、风险、挑战肯定会不断出现，关键看我们有没有克服它们、战胜它们、驾驭它们的本领。全党同志特别是各级领导干部要有本领不够的危机感，以时不我待的精神，一刻不停增强本领。只有全党本领不断增强了，"两个一百年"奋斗目标才能实现，中华民族伟大复兴的中国梦才能梦想成真。

好学才能上进，好学才有本领。中国共产党人依靠学习走到今天，也必然要依靠学习走向未来。各级领导干部要勤于学、敏于思，坚持博学之、审问之、慎思之、明辨之、笃行之，以学益智，以学修身，以学增才。要努力学习各方面知识，努力在实践中增加才干，加快知识更新，优化知识结构，拓宽眼界和视野，着力避免陷入少知而迷、不知而盲、无知而乱的困境，着力克服本领不足、本领恐慌、本领落后的问题。

各地区各部门各单位要认真组织干部学好用好这批教材，帮助广大干部深入学习领会党的十八大和十八届三中、四中全会精神，深入学习贯彻党中央的战略部署和工作要求，不断增强中国特色社会主义道路自信、理论自信、制度自信，不断提高知识化、专业化水平，不断提高履职尽责的素质和能力。

2015 年 1 月 18 日

目 录

CONTENTS

第 一 章

坚持中国特色社会主义文化发展道路

中国特色社会主义文化发展道路，是中国特色社会主义道路在文化领域的具体体现和生动实践，凝聚着党九十多年来领导文化建设的基本经验，是新中国成立六十多年尤其是改革开放三十多年来，我国文化改革发展实践探索的根本结论，是建设社会主义文化强国的唯一正确道路。只有坚定不移地走中国特色社会主义文化发展道路，才能不断兴起文化建设热潮，推动文化大发展大繁荣，发挥文化引领风尚、教育人民、服务社会、推动发展的作用，提高国家文化软实力，凝聚起实现中华民族伟大复兴中国梦的文化力量。

第一节 坚持中国先进文化的前进方向

在新的历史起点上推动社会主义文化大发展大繁荣，必须坚持马克思主义的指导地位，坚持中国先进文化的前进方向，这是我们走中国特色社会主义文化发展道路、建设社会主义文化强国的必然选择。

✧ 一、以马克思主义为指导是中国特色社会主义文化最鲜明的特征

2011 年 10 月，党的十七届六中全会通过的《中共中央关于深化文化体制改革推动社会主义文化大发展大繁荣若干重大问题的决定》明确提出了"坚持中国特色社会主义文化发展道路，努力建设社会主义文化强国"的战略目标，阐释了中国特色社会主义文化发展道路的内涵，即"高举中国特色社会主义伟大旗帜，以马克思列宁主义、毛泽东思想、邓小平理论和'三个代表'重要思想为指导，深入贯彻落实科学发展观，坚持社会主义先进文化前进方向，以科学发展为主题，以建设社会主义核心价值体系为根本任务，以满足人民精神文化需求为出发点和落脚点，以改革创新为动力，发展面向现代化、面向世界、面向未来的，民族的科学的大众的社会主义文化，培养高度的文化自觉和文化自信，提高全民族文明素质，增强国家文化软实力，弘扬中华文化，努力建设社会主义文化强国"。党的十八大以来，习近平强调文化建设对于实现中国梦的重要作用。2014 年 10 月 15 日，习近平在北京主持召开文艺工作座谈会并发表重要讲话，为建设文化强国进一步指明了方向。

中国特色社会主义文化是以马克思主义为指导、继承中国文化的优秀传统和吸收外国文化的积极成果、民族的科学的大众的文化。这一文化不仅反映与体现社会主义经济和政治的本质要求，而且反映与体现最广大人民群众的根本利益。坚持以马克思主义为指导，是中国特色社会主义文化最鲜明的特征。

马克思主义是中国特色社会主义文化的理论基础。文化的核心在于文化所体现的价值观。中国特色社会主义文化体现了马克思主

义关于人类解放的价值理想，体现了马克思主义关于"人民群众创造历史"的价值观念。马克思主义科学地揭示了文化与经济、文化与其他社会存在之间的辩证关系，为中国特色社会主义文化的发展提供了理论指南。在马克思主义看来，物质生活资料的生产及其生产方式制约着整个政治生活和文化生活的过程。有什么样的经济基础，就有什么样的文化模式。因此，文化建设必须与经济发展相适应。同时，上层建筑对经济基础具有反作用。因此，必须重视文化建设在社会主义发展中的地位和作用。以马克思主义为指导是中国特色社会主义文化先进性最集中的体现。

我们党从诞生之日起就始终高举马克思主义的旗帜，并在同中国实际相结合的过程中不断推进马克思主义中国化、时代化、大众化。正是有了马克思主义的科学指导，中国革命、建设、改革才不断从胜利走向新的胜利，社会主义文化才不断从繁荣走向新的繁荣。在社会主义市场经济日益发展和对外开放不断扩大的新形势下，我国社会思潮更加多元多样，只有毫不动摇地坚持马克思主义的指导地位，坚持马克思主义的中国化，用发展着的马克思主义指导实践、引领思潮，才能打牢中国特色社会主义文化建设的思想基础，才能使我们在错综复杂的形势中始终把握文化发展的正确方向。

◇ 二、把中国特色社会主义理论体系贯彻落实到文化工作各个方面

中国特色社会主义理论体系是马克思主义中国化的最新成果。坚持中国化的马克思主义在文化建设中的指导地位，必须深刻领会

中国特色社会主义理论体系的科学内涵和精神实质，掌握贯穿其中的马克思主义立场、观点、方法，用中国特色社会主义理论体系研究解决文化改革发展面临的问题，充分发挥科学理论武装头脑、指导实践、推动工作的巨大作用。

必须深入开展马克思主义学习实践活动，引导广大文化艺术工作者深入学习马克思主义经典著作，学习毛泽东思想、邓小平理论、"三个代表"重要思想和科学发展观，运用辩证唯物主义和历史唯物主义指导文化艺术的创作生产，正确反映五千年中华文明史，正确反映近代中国革命史，正确反映党领导人民的奋斗史、创业史、改革开放史，展示社会主义现代化建设的辉煌成就，激发人们爱党爱国的热情，坚定走中国特色社会主义道路的信念和信心。必须加强马克思主义理论研究，根据时代变化的新要求，研究回答新时期文化艺术创作生产面临的重大理论和现实问题，探索建立中国特色社会主义文化理论体系。在马克思主义指导下，建设社会主义核心价值体系和核心价值观，繁荣哲学社会科学和文化艺术创作，加强公共文化服务，促进文化产业发展，加快实现文化治理能力的现代化。

第二节　坚持以人民为中心的工作导向

坚持以人民为中心的工作导向，这是党在领导文化改革发展的实践中不断深化对文化发展特点和规律认识的最新成果。习近平在文艺工作座谈会上指出，社会主义文艺，从本质上讲，就是人民的文艺。文艺要反映好人民心声，就要坚持为人民服务，为社会主义服务这个根本方向。坚持以人民为中心的工作导向，就要在新的时代条件下，坚持"二为"方向，坚持"双百"方针，坚持"三贴近"原则。

✧ 一、坚持"二为"方向

坚持"二为"方向，即坚持"为人民服务、为社会主义服务"的方向。早在 1942 年，毛泽东《在延安文艺座谈会上的讲话》中就明确提出，"我们的文学艺术都是为人民大众的，首先是为工农兵的"，从根本上回答了文艺的方向、道路等重大原则问题。改革开放之后，党顺应社会、时代发展要求，在 1980 年正式提出要坚持"文艺为人民服务、为社会主义服务"的工作方向，取代了"文艺为工农兵服务""文艺为政治服务"的口号。"二为"方向明确了社会主义是文化建设的根本政治前提和政治基础，明确了人民是文化建设的服务对象和依靠主体。坚持"二为"方向，是社会主义制度对文化建设提出的本质要求。习近平在文艺工作座谈会上指出，社会主义文艺，从本质上讲，就是人民的文艺。文艺要反映好人民心声，就要坚持为人民服务、为社会主义服务这个根本方向。这是党对文艺战线提出的一项基本要求，也是决定我国文艺事业前途命运的关键。要把满足人民精神文化需求作为文艺和文艺工作的出发点和落脚点，把人民作为文艺表现的主体，把人民作为文艺审美的鉴赏家和评判者，把为人民服务作为文艺工作者的天职。

坚持"二为"方向，就要坚持以人为本、人民至上。习近平在文艺工作座谈会上指出："人民是文艺创作的源头活水，一旦离开人民，文艺就会变成无根的浮萍、无病的呻吟、无魂的躯壳。能不能搞出优秀作品，最根本的决定于是否能为人民抒写、为人民抒情、为人民抒怀。要虚心向人民学习、向生活学习，从人民的伟大实践和丰富多彩的生活中汲取营养，不断进行生活和艺术的积累，不断进行美的发现和美的创造。要始终把人民的冷暖、人民的幸福放在心中，把人民的喜怒哀乐倾注在自己的笔端，讴歌奋斗人生，刻画最美人物，坚定人们对美好生活的憧憬和信心。"人民是历史的创造者，也是文化改革发展最深厚的力量源泉。我们建设的社会主义文化是人民大众的文化。中国特色社会主义文化发展道路是人民群众共建共享的道路，社会主义文化建设与整个社会主义事业的价值追求有着高度的内在一致性，那就是文化源于人民、文化为了人民、文化属于人民。这就要求我们必须牢固树立马克思主义的群众观点，牢记文化建设的根基和力量在人民，充分发挥人民在文化建设中的主体作用，尊重人民在文化建设中的首创精神，充分挖掘蕴藏于人民之中的文化创造潜能；坚持以人民为中心的创作导向，密切同人民群众的血肉联系，真正了解群众的喜怒哀乐，深切感受社会发展和社会进步的坚实脚步，积极反映人民群众的心声，热情讴歌人民群众的伟大创造，创造出更多更好的精神食粮，不断满足人民日益增长的精神文化需求，让人民享有健康丰富的文化生活。

坚持"二为"方向，就要坚持弘扬主旋律。习近平在文艺工作座谈会上强调，文艺工作者要想有成就，就必须自觉与人民同呼吸、共命运、心连心，欢乐着人民的欢乐，忧患着人民的忧患，做人民的孺子牛。对人民，要爱得真挚、爱得彻底、爱得持久，就要深深懂得人民是历史创造者的道理，深入群众、深入生活，诚心诚意做人民的小学生。艺术可以放飞想象的翅膀，但一定要脚踩坚实的大地。文艺创作方法有一百条、一千条，但最根本、最关键、最牢靠的办法是扎根人民、扎根生活。应该用现实主义精神和浪漫主义情怀观照现实生活，用光明驱散黑暗，用美善战胜丑恶，让人们看到美好、看到希望、看到梦想就在前方。文化必须有深刻的精神内涵，才能以文"化"人。在当代中国，主旋律从精神层面上来讲，最根本的就是社会主义核心价值观；从实践层面上来讲，最根本的就是全国各族人民在中国共产党领导下走中国特色社会主义道路、全面建设小康社会、实现中华民族伟大复兴中国梦的宏伟事业。在文化建设中，要全面贯彻这一时代主旋律，紧紧围绕实现中华民族伟大复兴中国梦繁荣创作，热情歌颂改革开放和社会主义现代化建设取得的伟大成就，鼓舞和激励全党全国各族人民为夺取全面建设小康社会新胜利、开创中国特色社会主义事业新局面而不懈奋斗。

✧ 二、坚持"双百"方针

"双百"方针，即"百花齐放，百家争鸣"的方针。1951 年毛泽东为中国戏曲研究院题词"百花齐放，推陈出新"；1953 年毛泽东就中国历史研究问题提出了"百家争鸣"的主张。1956 年，毛泽东在中共中央政治局扩大会议上的总结讲话中说："艺术问题上的百花齐放，学术问题上的百家争鸣，我看应该成为我们的方针。"① 邓小平也曾多次指出："对于思想问题，无论如何不

---

① 《毛泽东文集》第七卷，人民出版社 1999 年版，第 54 页。

能用压服的办法，要真正实行'双百'方针。"①"双百"方针是党对文化创作生产规律的科学总结，是繁荣社会主义文化的一项基本方针。贯彻"双百"方针，是社会主义初级阶段的基本国情对文化建设提出的客观要求，是由人民群众日益增长的多方面、多层次、多样性的精神文化需求决定的，是促进社会主义文化繁荣发展的活力所在。可以说，没有百花齐放、百家争鸣的创作氛围，就难以形成生动活泼、春色满园的景象；没有解放思想、民主和谐的创作环境，就难以形成繁荣兴盛、名家辈出的学术土壤。习近平在文艺工作座谈会上强调，文艺工作者要志存高远，随着时代生活创新，以自己的艺术个性进行创新。要坚持百花齐放、百家争鸣的方针，发扬学术民主、艺术民主，营造积极健康、宽松和谐的氛围，提倡不同观点和学派充分讨论，提倡体裁、题材、形式、手段充分发展，推动观念、内容、风格、流派切磋互鉴。

贯彻"双百"方针，就要正确处理坚持主导、发展主流与尊重差异、包容多样的关系，在坚持马克思主义指导的前提下，在坚持"二为"方向、弘扬主旋律的前提下，提倡多样化。要积极适应社会生活日趋丰富多彩、人民群众精神文化需求日趋多样多变的客观现实，鼓励一切能够使人们受到教育和启迪、得到娱乐和美的享受、格调健康的文艺作品的创作生产，既要提倡高雅艺术，也要繁荣通俗文化、大众文化，既要扶持优秀传统文化、民族文化、地方文化，也要关注现代文化、网络文化、外来文化，最大限度满足人民群众对精神文化生活多方面、多层次、多样性的需求。要弘扬民

---

① 《邓小平文选》第二卷，人民出版社1994年版，第145页。

族优秀文化传统和五四运动以来形成的革命文化传统，学习借鉴国外文化创新有益成果，兼收并蓄、博采众长，增强文化产品的时代感和吸引力。

　　贯彻"双百"方针，就要充分尊重艺术发展、学术研究的规律，促进我国文艺发展和科学进步。要推动形成尊重劳动、尊重知识、尊重人才、尊重创造的良好环境，努力营造既鼓励探索、扶持原创、宽容失败又积极健康、宽松和谐的良好氛围。要充分发扬艺

▲ 村民同唱侗族大歌

（新华社发　田卫涛/摄）

术民主，支持不同形式和风格的自由发展，提倡不同观点和学派的充分讨论，最大限度地激发广大文化工作者和科学工作者的创造活力，形成文艺繁荣、学术名家辈出的局面。要把创新精神贯穿于文化创作生产全过程，推动观念、内容、风格、流派积极创新，提倡体裁、题材、形式、手段充分发展，促进创新活力充分涌流、创新成果不断涌现。

◇ 三、坚持"三贴近"原则

"三贴近"原则，即"贴近实际、贴近生活、贴近群众"。早在新民主主义革命时期，毛泽东就大力倡导民族的科学的大众的文化，批评脱离生活、脱离实际的现象。改革开放新时期，邓小平提出人民需要艺术，艺术更需要人民，强调要始终不渝地面向广大群众，力求把最好的精神食粮献给人民。党的十六大以来，党中央进一步提出宣传思想文化工作必须要遵循贴近实际、贴近生活、贴近群众的"三贴近"原则。"三贴近"原则体现了辩证唯物主义和历史唯物主义的世界观和方法论，是新时期加强和改进宣传思想文化工作的重要突破口，是文化工作增强针对性、实效性和吸引力、感染力的根本途径，也是文化工作必须坚持的工作原则。

坚持"三贴近"原则，就是坚持实践第一的观点，就是坚持人民群众是历史创造者的观点，就是坚持解放思想、实事求是、与时俱进、求真务实的思想路线，就是坚持党的群众观点和群众路线。只有做到"三贴近"，文化工作才能面向全面建设小康社会的实践，更好地服从服务于全党全国工作大局，最大限度地激发广大人民群众的积极性和创造性，为改革开放和现代化建设提供强有力的思想保障、精神动力和舆论支持。只有做到"三贴近"，文化工作才能深深根植于中华文化沃土和火热的现实生活，始终坚持"二为"方向和"双百"方针，发展面向现代化、面向世界、面向未来的，民族的科学的大众的社会主义文化，不断丰富人们的精神世界，增强人们的精神力量，满足人们的精神文化需求。只有做到"三贴近"，文化工作才能始终坚持全心全意为人民服务的宗旨，贯彻党的群众路线，把体现党的意志和反映人民心声统一起来，帮助群众解决生产生活中的实际问题。

坚持"三贴近"原则，就必须坚持"二为"方向和"双百"方针的统一，坚持弘扬主旋律和提倡多样化的统一，坚持思想性、艺术性、观赏性的统一，把尊重市场规律与尊重精神产品创作规律结合起来，把提高和普及结合起来，推动文化创新，多出群众满意的精神文化产品，满足人民群众日益增长的多方面、多层次、多样性的精神文化需求。就必须坚持群众第一的观点，以现实生活作为创作的源泉，鼓励广大文艺家和文艺工作者自觉地把个人的艺术追求融入国家发展的洪流之中，把文艺的生动创作寓于时代进步之中，把更多的创作热情和创作精力放在现实题材的文艺作品上，真情聚焦普通群众，热情关注现实生活，创作生产出更多反映人民主体地位和现实生活的优秀精神文化产品。要自觉接受群众的检验，把人民群众作为文艺鉴赏和评价的最终主体，以群众满意不满意、喜欢不喜欢、接受不接受、认可不认可作为最终评价标准。要以体制和机制创新为重点，建立和完善有利于创作生产实现"三贴近"的保障机制，为文艺工作者深入实际、深入生活、深入群众创造良好环境。

ⓘ _案 例_

"路走对了"

河北大厂评剧团是一个县级剧团，三十多年前差点解散，如今却成了全国文化体制改革的先进单位，一年能演出二百多场，坚持三十多年，屡上央视等各大电视台春晚，合作伙伴包括赵本山、赵丽蓉、何庆魁、宋丹丹等明星大腕。团长赵德平初中没毕业，半路出家写剧本，拿下了几乎所有国家级戏剧大奖。有人问："一个剧团红一个戏、一个人，容易，红一阵子也不难，可你们已经红了三十多年，原因何在?"赵德平的回答是："路走对了。"赵德平说的这条路，就是"三贴近"。

第三节　坚持文化科学发展

坚持中国特色社会主义文化发展道路，就要坚持把科学发展观的要求贯穿到文化工作的各个方面。科学发展是党和国家工作的鲜明主题，也是中国特色社会主义文化发展道路的鲜明主题。要正确认识"两种属性"，坚持"双轮驱动"，处理"两个效益"，推动新时期文化改革发展。

◇ 一、准确把握"两种属性"

作为商品的文化产品和服务，既有商品的一般属性，又具有意识形态的特殊属性。在以阶级斗争为纲的年代，在高度集中的计划经济体制下，我们比较侧重于强调文化的意识形态属性，关注文化的教化功能。随着社会主义市场经济体制的不断完善，文化的经济、产品和商品属性逐渐凸显出来。党在领导文化建设的实践中逐渐认识到，文化作为内容产业和产品，承载着某种价值观，与上层建筑密切相关，具有鲜明的意识形态属性，这是不容置疑的。但是，只看到这一点是不全面的。在市场经济条件下，无论是文化产品还是文化服务，在具有特定的意识形态属性的同时，也具有通过市场交换获取经济利益、实现再生产的商品属性、产业属性、经济属性。特别是在社会主义市场经济深入发展的大环境下，文化产品的市场属性更加明显。不能因为文化产品有商品的一般属性，就忽视意识形态的特殊属性；也不能因为它具有意识形态的特殊属性，就排斥其具有的商品的一般属性。准确认识在市场经济条件下文化产品和服务所具有的商品、产业和经济属性，是对文化属性认识的一大飞跃，是坚持解放思想、开拓创新的一大理论成果，它解决了长期以来困扰我们的一个问题，即在具有意识形态色彩的文化领域，能不能发挥市场机制的作用。答案是肯定的。不但可以，而且在一定范围和一定程度上，必须重视发挥市场在文化资源配置中的作用。

同样，对于文化的功能，也逐渐从只重视其教化功能，到认识到其具有双重功能，既有教化功能，也有娱乐等多方面功能。必须根据人民群众多样化精神文化需求，发挥文化在增长知识、陶冶情操、愉悦人心、丰富精神文化生活方面的作用。党的十七届六中全会和党的十八大都明确提出要发挥文化引领风尚、教育人民、服务社会、推动发展的作用，全面、科学地明确了文化的功能。

在实践中，要深刻理解文化的双重属性和双重功能，全面辩证地看待问题。在文化建设、文化生产和创造中，既要坚持马克思主义的主导地位，坚持社会主义先进文化的前进方向，不给错误的观点、反动的意识形态提供传播的空间；也要尊重市场规律，发挥市场在资源配置中的积极作用，该政府负责的，一定要坚持政府主导，该发挥市场作用的，要放手让市场起作用。政府要加强对文化企业的监管，制定规则，确保其发展的正确方向和导向。要重视发挥文化的宣传、教化作用，引领前进方向，凝聚奋斗力量，提升人的精神境界，推动党和国家事业不断发展。要深刻认识到，随着经济快速增长，人们的消费能力得到极大提高，丰富精神文化生活越来越成为我国人民的热切愿望。要努力生产更多思想性、艺术性、观赏性相统一的群众喜闻乐见的文化产品，既满足人民的文化消费需求，又丰富人们的精神世界，提升人们的整体素质。

◇ **二、坚持"双轮驱动"**

"双轮驱动"，即一手抓公益性文化事业，一手抓经营性文化产业，促进文化发展繁荣。在计划经济时代，文化建设只有公有制一统天下的文化事业一种形态，文化的产业属性被严重忽视。几十年来的实践证明，这种文化体制已经完全不能适应市场经济体制的要求，成为束缚文化发展的体制性障碍。随着社会主义市场经济的不断完善，我们在全面认识文化的属性、功能的基础上，把文化建设的形态区分为公益性文化事业和经营性文化产业，逐步提出了公益性文化事业和经营性文化产业两手抓、两加强、双轮驱动的文化发展思路。这是党在文化建设上的理论和实践创新，是对社会主义市场经济体制条件下文化建设规律认识的进一步深化。其重大意义在于：厘清了文化建设中政府职责和市场功能的科学定位，明确了公益性文化单位和经营性文化单位的不同功能，确定了不同的改革路径，既最大限度地保障人民基本文化权益，又最大限度地释放出文化创造的活力。

▲ 老百姓欣赏戏曲演出　　　　　　　　　　　　（新华社发　岳立中／摄）

公益性文化事业和经营性文化产业如鸟之双翼、车之两轮，缺一不可。在发展公益性文化事业方面要特别强调"政府主导"，不能以搞文化体制改革、发展文化产业的名义，推卸政府提供公共文化服务的职责。那种"文化市场化""文化产业化"的提法是不对的。必须特别注意确保公益性文化机构的"公益性"，不能只为少数人或特定群体服务，损害多数人的文化权益。发展文化产业，要充分发挥市场在文化资源配置中的积极作用，同时保证政府对市场的调控能力。

✧ 三、处理好"两个效益"关系

处理好"两个效益"关系，即正确认识和处理文化发展中社会效益与经济效益的关系。文化产品和服务所具有的"两种属性"，要求我们必须正确认识和处理文化发展中"两个效益"的关系。习近平在文艺工作座谈会上指出，一部好的作品，应该是把社会效益放在首位，同时也应该是社会效益与经济效益相统一的作品。文艺不能当市场的奴隶，不能沾满了铜臭气。优秀的文艺作品，最好是既能在思想上、艺术上取得成功，又能在市场上受到欢迎。

在探索和完善社会主义文化发展道路的实践中，我们党引导广大文艺工作者和文化单位在坚持把社会效益放在首位的基础上，努力做到"两个效益"相统一。在社会效益与经济效益发生矛盾的情况下，经济效益要坚决服从社会效益。无论公益性文化事业，还是经营性文化产业，都要突出文化人的功能。公益性文化事业、经营性文化产业，只是文化形式的差别、载体的不同，而承载的精神即文化的灵魂应当是一致的，那就是必须以传播社会主义先进文化为己任。发展公益性文化事业，必须始终把社会效益放在首位并实现最大化，但也要在内部引入激励机制，改善服务、改进管理，提高服务水平。发展经营性文化产业，检验"两个效益"相统一的一个重要标准，就是人民群众喜欢不喜欢、是否愿意花钱购买和消费。因为作为产业，没有经济效益就无法实现再生产。而且在社会主义市场经济条件下，文化产品和服务多数是通过市场交换实现的。购买优秀文化产品和服务的人越多，受教育的面就越大，经济效益越好，社会效益也就越广泛。从这个意义上讲，没有经济效益，社会效益也是空的。但如果文化产品和服务不讲社会效益，不符合人民群众健康有益的文化需求，在管理不健全、监管有疏漏的情况下，即使暂时会牟些蝇头小利，但终究会被边缘化甚至被逐出市场，经济效益也无从谈起。

要实现"两个效益"有机统一，必须注意防止两种倾向：一种倾向是放弃社会责任和文化责任，片面追求经济效益；另一种倾向是放弃市场经营和产业发展，空谈方向导向，不谈提高传播能力。第一种倾向必然导致产业失去正确方向，出现一些有害的文化产品，有时会危及国家利益、社会稳定和人民幸福。在这种情况下，经济效益越大社会危害越大。第二种倾向由于不能满足人民群众日益增长的精神文化需求，不能适应文化产业和文化市场发展的需要，不能适应国际文化激烈竞争的形势，致使我们的文化既传播不出去也守不住家园，同样会危及国家利益、社会稳定和人民幸福。

第四节　解放和发展文化生产力

文化生产力，即生产文化产品、提供文化服务的能力。文化作为社会的先导和灵魂，引领时代风气之先，是最需要创新和充满生机活力的领域。建设社会主义文化强国，必须破除各方面体制机制弊端，充分解放和发展文化生产力，让一切劳动、知识、技术、管理、资本的活力竞相迸发。

◇ 一、文化体制改革是解放和发展文化生产力的必由之路

激发全民族文化创造活力，从根本上说，就是要让全民族的创造精神得以充分发挥。古今中外文化发展的历史表明，推进一个民族文化的发展，关键在创新，动力在改革。文化体制改革是解放和发展文化生产力、激发人民群众文化创造力的必由之路。党的十八届三中全会通过的《中共中央关于全面深化改革若干重大问题的决定》指出："坚持以人民为中心的工作导向，坚持把社会效益放在首位、社会效益和经济效益相统一，以激发全民族文化创造活力为中心环节，进一步深化文化体制改革。"这一重要论断，深刻揭示了文化创造活力是文化体制改革的中心环节，既是以往文化建设的经验总结，也是未来文化改革发展的方向指针，具有重大理论意义和实践价值。

改革开放以来，特别是党的十六大以来，在党中央科学决策和正确领导下，我国文化体制改革深入推进，步伐不断加快、力度不断加大，在加强公共文化服务、培育文化市场主体、发展文化产业、完善市场体系、改善宏观管理、转变政府职能等重点领域和关键环节取得了重要突破，改革成效日益显现。2003 年开展的文化体制改革试点工作为改革向面上逐步推开提供了典型示范，奠定了工作基础。2006 年，试点工作由点到面，逐步扩大并向纵深拓展，

除新疆、西藏以外的其他省区市在试点的基础上有计划地将改革推开。2009 年，文化体制改革全面推开。到 2012 年，文化体制改革的阶段性任务胜利完成，取得了出版、发行、电影、文化市场管理、文艺院团、新闻媒体等领域改革的重大成果，文化体制改革进入一个新的阶段。

文化体制改革不断推进，在一些重点领域和关键环节取得了重要突破，效果逐步显现。束缚文化发展的因素日益消除，文化企业数量与规模不断扩大，文化产业就业人数不断增长，文化产品与服务不断多样化。这些都说明，蕴藏在群众中的文化创造活力正在被激发和涌流出来。总的来看，改革在以下几个方面取得了关键进展和显著成效：

第一，转企改制使众多文化单位摆脱传统事业体制的束缚，成为真正意义上的市场主体。经过改革，国有文化单位市场主体缺失的状况得到明显改善。一大批经营性文化单位转企改制后，在市场竞争中重现生机与活力，国有文化单位市场主体缺失、竞争力不强的状况得到改变，国有文化资本的影响力、控制力进一步增强。与此同时，在政府的鼓励与扶持下，民营文化企业成为文化建设中又一支新军。它们不仅与国有文化企业一起壮大了文化产业的阵容，而且为这个阵容带来了既相互配合又相互竞争的活力。民营资本和社会力量多渠道进入文化领域，极大地增强了文化建设实力，改变了政府在文化建设中独木难支的局面。在政府加大引导和扶持力度的同时，各类行业联合会、协会、合作社以自我服务、自我协调、自我监督、自我保护为宗旨，在促进行业健康发展、加强文化产业实力方面发挥了重要作用。

第二，文化科学发展的体制机制初步形成。政府职能转变加快，新闻出版系统和广电系统行政管理部门先是实现了"局社分开""局台分开"，2013年国家新闻出版总署和国家广播电影电视总局合并为国家新闻出版广电总局，进一步统筹新闻出版广播影视资源，加强对各类媒体的行政管理。文化市场综合执法改革全面完成，全国副省级及以下城市整合文化、广电、新闻出版等有关部门，组建统一的文化市场综合执法机构。文化行政管理部门正在由办文化向管文化转变，由主要管理直属单位向社会管理转变，由行政管理为主向行政、法律、经济等多种管理手段并用转变，文化宏观管理体制进一步完善。国有经营性文化单位转企改制取得实质性成果，出版、发行、影视制作、文艺院团等行业国有经营性文化单位转企改制基本完成，重点新闻网站、非时政类报刊社转企改制加快推进。

第三，越来越多的优秀文化产品实现社会效益与经济效益有机统一。精神文明建设"五个一"等文化精品工程扎实推进，文化产品创作生产活跃，文化产品的品种、样式、数量极大丰富。"十一五"时期，我国长篇小说创作生产量每年都达到上千部，电影产量由2003年的100部以下上升到2010年的526部，成为世界第三大电影生产国。新闻出版业总资产、总产出、总销售比"十五"时期翻了一番，印刷业翻了两番。

第四，覆盖城乡的公共文化服务体系框架基本建立。按照体现公益性、基本性、均等性、便利性的要求，坚持政府主导，加大投入力度，调整资源配置，覆盖城乡的公共文化服务体系基本框架初步建立。全面完成重点文化惠民工程阶段性目标，广播电视村村通工程、文化信息资源共享工程和农家书屋工程基本实现行政村级区域全覆盖，农村电影放映工程基本实现一村一月放映一场电影的公益服务目标。全国文化文物部门归口管理的博物馆、纪念馆和爱国主义教育基地全部实行免费开放，全国美术馆、公共图书馆、文化馆（站）免费开放工作全面实施。部分基层公共文化设施实现共建共享，城市广场文化、农村特色文化等文化活动丰富多样，公共文化服务渠道和方式进一步拓展。

第五，文化产业整体规模和实力快速提升。自从党的十五届五中全会"文化产业"首次进入中央文件之后，文化产业加速发展，众多省市文化产业发展速度连续几年保持两位数增长，北京、上海、广东等省市文化产业占国内生产总值比重已经超过5%，逐渐成为国民经济的支柱产业。涌现出了一批总资产和总收入超过或接近百亿元的大型国有或国有控股文化企业，初步建立了统一开放、竞争有序的现代文化市场体系。文化与科技、旅游、金融等行业加

▲ 中国美术馆免费开放

（新华社记者　任正来/摄）

快融合，文化创意、文化博览、动漫游戏、数字出版、数字传输、新型文化装备制造等新兴产业快速发展。

① _案 例_

《丽水金沙》

改革开放之初，云南丽江并没有走上良性发展的快车道，甚至还错失了全省以烟、糖、茶为重点的农业产业结构调整的机遇。随后又盲目发展地方工业，效果并不好。直到 1992 年邓小平南方谈话发表后，丽江认真开展了新一轮的解放思想大讨论活动，才找到了正确的发展方向和突破口，特别是文化体制改革成为核心战略，丽江民族歌舞团与深圳能量实业有限公司成功合作投资创作了大型少数民族舞蹈剧目《丽水金沙》。自 2002 年 5 月 1 日公演，这个剧目即使是旅游淡季一天也能演两场，旺季时一天最多演 4 场。这一成功带动了整个丽江的文化体制改革。

◇ 二、开创文化体制改革新局面，激发全民族文化创造活力

在文化体制改革的推动下，文化领域整体面貌和发展格局焕然一新，初步走出了一条中国特色社会主义文化发展道路。但我们必须看到，仍然存在一些亟待解决的问题制约着文化的繁荣发展，如文化市场主体尚不成熟，骨干文化企业实力有待进一步增强；公共文化服务体系仍不健全，地区发展不平衡；人才队伍与文

化发展的要求尚不匹配，人才保障需进一步加强；文化贸易逆差仍然较大，文化产品的国际竞争力和传播力有待进一步提升；等等。党的十八届三中全会对深化文化体制改革作出重大战略部署，强调深化文化体制改革必须以激发全民族文化创造活力为中心环节。这是党站在新的历史起点上对文化体制改革的战略思考和科学谋划，为加快文化改革发展指明了方向。下一阶段，文化体制改革的重点在于：

第一，深化文化管理体制机制创新。继续深化行政审批制度改革，加强过程管理与事后监督。加强调查研究，加快文化立法进程。探索建立党委和政府监管国有文化资产的管理机构，实行管人、管事、管资产、管导向相统一。按照现代企业制度的要求，突出文化企业特点，推动已转制的文化企业加快公司制股份制改造，完善法人治理结构。推动保留事业体制的院团探索实行企业化管理，推进国有文艺院团体制改革，培育骨干演艺企业。促进事业单位分类改革，理顺政府与事业单位的关系，积极探索政事分开、管办分离的有效形式，提升服务能力和水平。探索公共图书馆、博物馆、文化馆等组建理事会，加强行业组织和中介机构建设。

第二，构建现代公共文化服务体系。推动基本公共文化服务标准化，制定公共文化权益基本保障标准、基本公共文化服务技术标准和评价标准。建立健全公共文化服务体系建设统筹协调机制，统筹文化设施网络和重点文化惠民工程。建立群众文化需求征集和反馈机制。推进公共文化服务示范区建设。坚持重心下移，着力加强农村和中西部地区公共文化服务体系建设，推动基本公共文化服务均等化。扩大公共文化设施免费开放范围。推动公共文化服务社会化，培育文化非营利组织。大力提升公共文化服务的实用性、便利性、完善设施、丰富内容、改进方式，推动公共文化服务与群众需求之间有效对接，确保公共文化服务体系既"建得成"又"用得好"。

第三，建立健全现代文化市场体系。完善市场准入和退出机制，鼓励各类市场主体公平竞争。建立多层次文化产品和要素市场，打破市场分割，健全网络流通，培育新的消费热点。推动传统文化产业转型升级，优化产业结构布局，大力推进内容创新、形式创新、业态创新，加快发展新型文化业态。鼓励和引导非公有制文化企业发展，支持小微文化企业和创意人才发展，形成公有制为主体、多种所有制共同发展的文化产业格局。促进文化资源与金融资本有效对接，推动文化与科技、旅游融合发展。实施重大文化产业项目，推动产业园区、会展转型升级，开展互联网上网服务企业转型升级试点，推动行业协会建设，努力提高文化产业的规模化、集约化、专业化水平。

第四，保护和弘扬优秀传统文化。系统梳理传统文化资源，健全文物和非物质文化遗产普查登记建档认定制度，完善保护名录体系。实施重大文物保护工程，推动国家重大文化和自然遗产地、重点文物保护单位、历史文化名城名镇名村保护，积极开展非物质文化遗产抢救性保护、生产性保护和整体性保护工作。推动传统文化与当代文化相适应，与现代社会相协调，与新型城镇化和新农村建设相结合。积极开展优秀传统文化的宣传展示活动。

第五，不断提高文化开放水平。坚持对外文化交流和对外文化贸易"两手抓"，开展多形式、多层次对外文化交流。创新"欢乐春节"等交流活动和品牌项目，加强人文领域思想对话。鼓励文化企业深入挖掘民族文化资源，开发国外受众易于接受的文化产品和服务，加强译制、推介等方面扶持，推出更多具有中国特色、中国风格、中国气派的优秀民族文化品牌。积极探索以文化企业为主体走出去的途径办法，发展壮大一批外向型文化企业，加快形成文化出口竞争新优势，扩大文化产品和服务出口，更好地推动中华文化走向世界，增强国家文化软实力。

文化体制改革是我国全方位改革事业的重要组成部分。前一阶段改革发展的成果，为更深层次、更进一步的文化改革发展打下了坚实的基础，集聚了强劲的势能。当前，文化体制改革已进入攻坚期和深水区，新老问题相互叠加，有待完成和新提出的任务相互交织，工作的难度加大，任务更重。文化体制改革只有进行时，没有完成时。党的十八大提出全面建成小康社会和全面深化改革的要求，给文化体制改革打开了新的天地，注入了新的动力，提出了新的要求。我们要按照党的十八届三中全会作出的改革部署，继续发扬改革创新精神，以更大的勇气和智慧深化文化体制改革，不断冲破制约文化改革发展的深层次体制机制障碍，释放全民族的文化创造活力，为建设社会主义文化强国、实现中华民族伟大复兴的中国梦努力奋斗。

▌ 本章小结 ▐ ··············

把握中国特色社会主义文化发展道路的基本特点和精神实质，是理解今天中国文化建设主要目标、思路、战略、措施的基础。要坚持中国特色社会主义文化发展道路，就必须以马克思主义为指导思想，这是中国特色社会主义文化的最鲜明特征，也是中国特色社会主义文化先进性最集中的体现。把中国特色社会主义理论体系贯彻落实到文化工作各个方面，必须坚持以人民为中心的工作导向，坚持"二为"方向、"双百"方针和"三贴近"原则，必须正确处理"两种属性""双轮驱动"和"两个效益"等文化建设中的重大关系，通过深化改革解放和发展文化生产力，全面推动文化事业和文化产业的发展。

思考题

1. 为什么要区分文化事业与文化产业？
2. 文化产业发展中如何正确处理"两个效益"的关系？

第 二 章

培育和践行社会主义核心价值观

　　党的十八大和十八届三中全会高度重视培育和践行社会主义核心价值观。2013 年 12 月，中共中央办公厅印发《关于培育和践行社会主义核心价值观的意见》，明确指出：一切文化产品、文化服务和文化活动，都要弘扬社会主义核心价值观，传递积极人生追求、高尚思想境界和健康生活情趣。培育和践行社会主义核心价值观，是推进中国特色社会主义伟大事业、实现中国梦的战略任务。习近平在文艺座谈会上强调，广大文艺工作者要高扬社会主义核心价值观的旗帜，把社会主义核心价值观生动活泼、活灵活现地体现在文艺创作之中，用栩栩如生的作品形象告诉人们什么是应该肯定和赞扬的，什么是必须反对和否定的，做到春风化雨、润物无声。

第一节　社会主义核心价值观是当代
中国的基本观念

　　社会主义核心价值观是当代中国文化的灵魂。社会主义核心价值观，与改革开放和社会主义现代化建设的生动实践结合在一起，与人民群众的生产生活结合在一起，就会形成奋发向上、崇德向善的强大力量。

◇ 一、社会主义核心价值观的特点

无论哪个国家、民族的文化，都有相应的价值观、价值体系。理解培育和践行社会主义核心价值是当代中国文化之魂，就要正确认识文化和价值观、价值体系的关系。

为了认识的方便，人们一般把文化分为器物、制度和观念三个层面。器物层面的文化处于文化的最表层，指人们在物质生产活动中所创造的全部物质产品以及创造这些产品的手段、方法、工艺等；制度层面的文化处于文化的中层，它是人们为确立一定的社会关系并对其进行整合、调控而建立的各种规范体系；观念层面的文化则处于文化的最里层，它包括人们的心态、心理、观念、思想、信念、信仰以及理论化、对象化的思想理论体系等。文化的器物、制度和观念三个层面划分是思维中的抽象。实际生活中，文化的三个层面或三个层面的文化是相互交织、渗透在一起的，彼此不能分开。三个层面中，器物层面最活跃，变动最频繁；制度层面则规定着文化整体的性质，变动缓慢；观念层面处于最深层、最核心的位置，最为稳固。价值观作为观念的核心，又是整个文化的核心。

马克思主义认为，主客体关系是人类社会最普遍的现实关系。价值作为反映主客体之间关系的范畴，标示客体的存在、作用及其变化对一定主体需要及其发展的某种适合、接近或一致。价值观作为关于价值的观念系统，是对一系列价值关系和普遍性价值问题所持的立场、观点和态度的总和，是人对周围的客观事物的意义、重要性的总评价和总看法。它一方面表现为价值取向、价值追求，凝结为一定的价值目标；另一方面表现为价值尺度和准则，成为人们判断事物有无价值及价值大小的评价标准。

价值体系由取向相同或相近的价值观构成。在一定的价值体系中，不同价值观的地位各不相同，处于主导地位的价值观称为核心价值观，处于从属地位的价值观称为外围价值观。相应地，取向相同或相近的核心价值观结合在一起构成核心价值体系，它是人们在一定历史条件下，在长期实践、认识活动中形成的相对稳定的起主导作用价值观的集合。

自从党的十六届六中全会第一次提出建设社会主义核心价值体系战略任务以来，在全社会树立起了团结奋进的精神旗帜，有力地统一了全党思想、凝聚了社会共识。近年来，各方面普遍反映，应当在社会主义核心价值体系基础上作进一步提炼、概括，提出简明扼要、便于传播践行的社会主义核心价值观。党的十八大报告明确提出："倡导富强、民主、文明、和谐，倡导自由、平等、公正、法治，倡导爱国、敬业、诚信、友善，积极培育和践行社会主义核心价值观。"[①] 最初提出建设社会主义核心价值体系，现在又强调培育和践行社会主义核心价值观，这两者之间到底是什么关系呢？

社会主义核心价值观是在社会主义核心价值体系基础上提出来的，社会主义核心价值观是社会主义核心价值体系的内核，体现着社会主义核心价值体系的根本性质和基本特征，反映着社会主义核心价值体系的丰富内涵和实践要求，是社会主义核心价值体系的高

[①]　胡锦涛：《坚定不移沿着中国特色社会主义道路前进　为全面建成小康社会而奋斗——在中国共产党第十八次全国代表大会上的报告》，人民出版社 2012 年版，第 31 页。

度凝练和集中表达。

把握好核心价值观与核心价值体系的关系，首先要充分认识到两者的内在一致性。核心价值观与核心价值体系方向一致，都体现了社会主义意识形态的本质要求，体现了社会主义制度在思想和精神层面的质的规定性，凝结着社会主义先进文化的精髓，是中国特色社会主义道路、理论体系和制度的价值表达，是实现中华民族伟大复兴的中国梦的价值引领。核心价值观与核心价值体系都坚持重在建设，就是要弘扬共同理想、凝聚精神力量、建设道德风尚，都是为了形成全民族奋发向上、团结和睦的精神纽带，使我们的国家、民族、人民在思想和精神上强起来，更好地坚持中国道路、弘扬中国精神、凝聚中国力量。

把握好核心价值观与核心价值体系的关系，还要认识到两者各有侧重，特别要看到相比于社会主义核心价值体系，社会主义核心价值观有这样几个鲜明特点：一是更加突出了核心要素。社会主义核心价值体系包括马克思主义指导思想、中国特色社会主义共同理想、民族精神和时代精神、社会主义荣辱观四个方面，是一个系统性、总体性的框架；而社会主义核心价值观强调的"三个倡导"，则更清晰地揭示了这个价值体系的内核，确立了当代中国最基本的价值观念。二是更加注重了凝练表达。社会主义核心价值观倡导的富强、民主、文明、和谐，自由、平等、公正、法治，爱国、敬业、诚信、友善，明确了国家、社会、公民三个层面的价值目标、价值取向、价值准则，是社会主义核心价值体系的凝练表达，符合大众化、通俗化要求，便于阐发、便于传播。三是更加强化了实践导向。社会主义核心价值观强调的"三个倡导"指向十分明确，每个层面都对人们有更具体的价值导向，是实实在在的要求，规范性和实践性都很强，便于遵循和践行。培育和践行核心价值观，为推进核心价值体系建设进一步明确了切入点和工作着力点，有利于更好地把各项任务落到实处。

✧　二、社会主义核心价值观是当代中国文化的灵魂

每一种文化都有自身的核心价值观，核心价值观凝结在文化之中，决定着文化的本质。有什么样的核心价值观，就有什么样的文化立场、文化取向和文化选择。社会主义核心价值观是社会主义文化的内在精神和生命之魂，决定着中国特色社会主义文化建设的性质和方向；离开了社会主义核心价值观，中国特色社会主义文化就会失去精神支撑，就会失去吸引力、影响力，建设文化强国也就无从谈起。

面对世界范围思想文化交流、交融、交锋形势下价值观较量的新态势，面对改革开放和发展社会主义市场经济条件下思想意识多元、多样、多变的新特点，积极培育和践行社会主义核心价值观，对于巩固马克思主义在意识形态领域的指导地位、巩固全党全国人民团结奋斗的共同思想基础，对于促进人的全面发展、引领社会全面进步，对于集聚全面建成小康社会、实现中华民族伟大复兴中国梦的强大正能量，具有重要的现实意义和深远的历史意义。

因此，培育和践行社会主义核心价值观，必须高举中国特色社会主义伟大旗帜，以邓小平理论、"三个代表"重要思想、科学发展观为指导，深入学习贯彻党的十八大精神和习近平系列讲话精神，紧紧围绕坚持和发展中国特色社会主义这一主题，紧紧围绕实现中华民族伟大复兴中国梦这一目标，紧紧围绕"三个倡导"这一

基本内容，注重宣传教育、示范引领、实践养成相统一，注重政策保障、制度规范、法律约束相衔接，使社会主义核心价值观融入人们生产生活和精神世界，激励全体人民为夺取中国特色社会主义新胜利而不懈奋斗。

培育和践行社会主义核心价值观，必须坚持以人为本，尊重群众主体地位，关注人们利益诉求和价值愿望，促进人的全面发展；坚持以理想信念为核心，抓住世界观、人生观、价值观这个总开关，在全社会牢固树立中国特色社会主义共同理想，着力铸牢人们的精神支柱；坚持联系实际，区分层次和对象，加强分类指导，找准与人们思想的共鸣点、与群众利益的交汇点，做到贴近性、对象化、接地气；坚持改进创新，善于运用群众喜闻乐见的方式，搭建群众便于参与的平台，开辟群众乐于参与的渠道，积极推进理念创新、手段创新和基层工作创新，增强工作的吸引力、感染力。

第二节 切实培育和弘扬社会主义核心价值观

培育和弘扬社会主义核心价值观，必须立足于中华优秀传统文化，切实把社会主义核心价值观贯穿于社会生活的方方面面。

◇ 一、立足中华优秀传统文化培育和践行 社会主义核心价值观

中华优秀传统文化积淀着中华民族最深沉的精神追求，包含着

中华民族最根本的精神基因，代表着中华民族独特的精神标志，是中华民族生生不息、发展壮大的丰厚滋养。培育和践行社会主义核心价值观，就要从中华优秀传统文化中充分汲取思想道德营养，结合时代要求加以延伸阐发，使中华民族最基本的文化基因与当代文化相适应、与现代社会相协调。

培育和弘扬社会主义核心价值观必须立足中华优秀传统文化。2014年2月24日，中共中央政治局就培育和弘扬社会主义核心价值观、弘扬中华传统美德进行第十三次集体学习，习近平指出：牢固的核心价值观，都有其固有的根本。抛弃传统、丢掉根本，就等于割断了自己的精神命脉。博大精深的中华优秀传统文化是我们在世界文化激荡中站稳脚跟的根基。中华传统美德是中华文化的精髓，蕴含着丰富的思想道德资源。不忘本来才能开辟未来，善于继承才能更好创新。对历史文化特别是先人传承下来的价值理念和道德规范，要坚持古为今用、推陈出新，有鉴别地加以对待，有扬弃地予以继承，努力用中华民族创造的一切精神财富来以文化人、以文育人。

要处理好继承和创造性发展的关系，重点做好创造性转化和创新性发展。在2013年8月召开的全国宣传思想工作会议上，习近平针对优秀传统文化提出：要讲清楚中华优秀传统文化的历史渊源、发展脉络、基本走向，讲清楚中华文化的独特创造、价值理念、鲜明特色，增强文化自信和价值观自信。他还强调，要认真汲取中华优秀传统文化的思想精华和道德精髓，大力弘扬以爱国主义为核心的民族精神和以改革创新为核心的时代精神，深入挖掘和阐发中华优秀传统文化讲仁爱、重民本、守诚信、崇正义、尚和合、求大同的时代价值，使中华优秀传统文化成为涵养社会主义核心价值观的重要源泉。

　　一个民族的文明进步，一个国家的发展壮大，需要一代又一代人接力努力，需要很多力量来推动，核心价值观是其中最持久最深沉的力量。2014年5月30日，习近平在北京市海淀区民族小学主持召开座谈会时指出：中华民族有着五千多年的悠久历史和灿烂文化，而且中华文明从远古一直延续发展到今天。为什么中华民族能够在几千年的历史长河中顽强生存和不断发展呢？很重要的一个原因，是我们民族有一脉相承的精神追求、精神特质、精神脉络。今天我们使用的汉字同甲骨文没有根本区别，老子、孔子、孟子、庄子等先哲归纳的一些观念也一直延续到现在。这种绵延几千年的文明，在世界各民族中是不多见的。习近平指出：今天，中华民族要

▲ 参加戏曲演出的小朋友在佩戴贵妃头饰　　　　　　　（新华社发　黎寒池/摄）

继续前进，就必须根据时代条件，继承和弘扬我们的民族精神、我们民族的优秀文化，特别是包含其中的传统美德。习近平的讲话为我们在中华文化传承中培育和践行社会主义核心价值观，提供了重要的理论遵循。

应着力推进优秀传统文化传承体系建设，加大文物保护和非物质文化遗产保护力度，加强对优秀传统文化思想价值的挖掘，梳理和萃取中华文化中的思想精华，作出通俗易懂的时代表达，赋予新的时代内涵，使之与中国特色社会主义相适应，让优秀传统文化在新的时代条件下不断发扬光大。重视民族传统节日的思想熏陶和文化教育功能，丰富民族传统节日的文化内涵，开展优秀传统文化教育普及活动，培育特色鲜明、气氛浓郁的节日文化。增加国民教育中优秀传统文化课程内容，分阶段有序推进学校优秀传统文化教育。经典诵读、道德论坛、文化讲堂、传统节日期间举办民间民俗活动，都是弘扬传统文化的好形式、好载体。深入实施中华文化传承工程，围绕反映中华民族历史特别是近现代史、党史，围绕实现中华民族伟大复兴的中国梦，制定工程规划、加强重点扶持，推出一大批弘扬爱国主义、集体主义、社会主义思想和当代中国价值观念的精品力作，引导人们树立和坚持正确的历史观、民族观、国家观、文化观。

要辩证地对待传统文化，加强鉴别、合理扬弃，取其精华、去其糟粕，真正把中华传统文化这个宝库开掘好、利用好。这些年来，各地创造性地开展多种文化活动，弘扬中华传统美德。"我们的节日"主题活动，热在城乡基层、热在群众心中，已成为传承中华文化、建设精神文明的一个品牌。

◇ 二、在人们的生产生活和精神世界中融入
社会主义核心价值观

一是把社会主义核心价值观融入精神文明建设各个环节之中。精神文明建设是在人的精神领域搞建设，直接影响人们的思想观念、价值判断、道德行为。只有把社会主义核心价值观融入精神文明建设全过程，才能把积极的人生追求、高尚的情感境界、健康的生活情趣传递给人民，在潜移默化中培育正确价值取向、增进社会思想认同。近年来，各地在各类群众性精神文明创建活动中努力体现社会主义核心价值体系的要求，始终围绕社会主义核心价值体系部署任务、安排活动、开展工作，吸引群众广泛参与，让群众参与的过程成为践行社会主义核心价值观的过程，使社会公德、职业道德、家庭美德、个人品德建设不断得到加强，公民思想道德素质和社会现代文明程度不断得到提高。近年来开展的一系列精神文明建设活动，特别是中国特色社会主义和中国梦主题教育、评选表彰第四届全国道德模范、组织公益广告宣传、深化学雷锋和志愿服务活动、治理出境旅游不文明现象、加强城乡基层创建等，把培育和践行社会主义核心价值观作为一条红线贯穿其中，凝聚了社会正能量，倡导了时代新风尚。

二是把社会主义核心价值观体现到媒体宣传和公益广告之中。新闻媒体是思想文化传播的重要载体，是推广主流价值观的主渠道。应把社会主义核心价值观贯穿到日常宣传报道之中，大力宣传科学理论、传播先进文化、塑造美好心灵、弘扬社会正气，给人以积极向上的力量。发挥党报、党刊、电台、电视台的主力军作用，发挥都市类媒体、网络媒体的自身优势，确保各类新闻报道、专题

节目、娱乐类、体育类节目以至各类广告符合和反映社会主义核心价值观的要求，实现媒体全联动、舆论全覆盖，有效引导社会舆论，积极营造健康向上的主流舆论，振奋民族精神，凝聚党心民心，在全社会形成有利于培育和践行社会主义核心价值观的舆论强势。2013 年，中央文明办围绕中国梦、爱党爱国、传统美德、道德模范和环境保护等主题，制作推出平面广告 1994 幅，并组织了大规模的宣传。据统计，中央主要报刊共刊发 800 多个整版，中央电台播出 27100 多次，中央电视台播出时长 46400 多分钟。各地利用新闻媒体和城市广场、楼宇电视、工地围挡等进行了大密度的宣传。舆论认为，公益广告具有潜移默化的作用，尤其是在集中展示的广场或街道，市民不道德不文明的行为明显减少。公益广告成为传播社会主义核心价值观的重要载体。

三是把社会主义核心价值观渗透到精神文化产品创作生产之中。习近平在文艺工作座谈会上的讲话提出，每个时代都有每个时代的精神。文艺是铸造灵魂的工程，文艺工作者是灵魂的工程师。好的文艺作品就应该像蓝天上的阳光、春季里的清风一样，能够启迪思想、温润心灵、陶冶人生，能够扫除颓废萎靡之风。广大文艺工作者要高扬社会主义核心价值观的旗帜，把社会主义核心价值观生动活泼、活灵活现地体现在文艺创作之中，用栩栩如生的作品形象告诉人们什么是应该肯定和赞扬的，什么是必须反对和否定的，做到春风化雨、润物无声。要把爱国主义作为文艺创作的主旋律，引导人民树立和坚持正确的历史观、民族观、国家观、文化观，增强做中国人的骨气和底气。他还指出，追求真善美是文艺的永恒价值。艺术的最高境界就是让人动心，让人们的灵魂经受洗礼，让人们发现自然的美、生活的美、心灵的美。我们要通过文艺作品传递真善美，传递向上向善的价值观，引导人们增强道德判断力和道德荣誉感，向往和追求讲道德、尊道德、守道德的生活。只要中华民族一代接着一代追求真善美的境界，我们的民族就永远健康向上、永远充满希望。精神文化产品具有潜移默化地影响人们的思想观念、价值判断、道德行为的功能。把社会主义核心价值观体现到精神文化产品创作生产传播各方面，就是要赋予文艺作品更加丰富、更加深刻的思想内涵，成为有效载体，推动全社会形成统一指导思想、共同理想信念、强大精神力量、基本道德规范。要把积极的人生追求、高尚的情感境界、健康的生活情趣传递给人民，让人们在美的享受中受到鼓舞、得到陶冶、获得启迪。把握群众文化生活和审美情趣的新特点，加强对新的文化品种、文化样式的引导，使之既大众通俗、多姿多彩，又符合社会主义核心价值观的要求。加强对文艺创作思想的引导，对体现社会主义核心价值观的优秀精神文化产品给予鼓励和支持，对亵渎经典、低俗媚俗等现象予以抵制。

四是把培育和践行社会主义核心价值观融入人们的日常生活之中。一种价值观要真正发挥作用，就必须融入社会生活，让人们在实践中感知、领悟和认同。必须同人们的日常生活紧密地联系起来，从具体事情抓起，在落细、落小、落实上下功夫。应该把社会主义核心价值观体现到各行各业的规章制度、市民公约、乡规民约、学生守则等行为准则中，使之成为人们日常工作生活的基本遵循。把社会主义核心价值观融入各项重大活动、重要仪式、节日庆典中，建立和规范升国旗仪式、入党入团入队仪式、成人仪式等礼仪制度，通过重大纪念日、民族传统节日等形式多样的纪念庆典活

▲ 中学生开展"传递雷锋精神正能量"主题活动　　　　　　　（新华社发　丁根厚/摄）

动，传播主流价值。利用各种载体、时机和场合，搭建广阔平台，形成有利于培育和践行社会主义核心价值观的生活情景和社会氛围，不断增强人们对社会主义核心价值观的认同感。

ⓘ_案　例_

"最　美"

用"最美"称赞身边感动我们的人，是流行一时的网络语言，也是近年来网友的一项创造。2011年，伸出双臂救坠楼儿童的吴菊萍被称为最美妈妈。她的事迹还成为2012年高考作文的题目。2012年才到6月份，媒体就把这一年称为"最美的感动年"。特别是黑龙江省佳木斯市第十九中学青年教师张丽莉，当失控的客车冲向孩子们的瞬间，她一把推开两个学生，自己却被车轮碾压，造成多处骨折，双腿高位截肢，被称为"最美女教师"。

五是把培育和践行社会主义核心价值观融入国民教育之中。应该把社会主义核心价值观体现到大学生思想政治教育和未成年人思想道德建设中，纳入国民教育总体规划，加强高校思想政治理论课教材体系和教师队伍建设，加强中小学思想品德、语文、历史课教材建设，切实推动培育、践行社会主义核心价值观进学校、进教材、进课堂、进学生头脑，能"记住要求，心有榜样，从小做起，接受帮助"。把社会主义核心价值观融入校园文化建设之中，通过优化校园人文环境，广泛开展适合青少年特点的思想道德教育和实践活动，丰富学生精神文化生活，陶冶学生思想道德情操。落实大中小学学生守则和日常行为规范，形成学生思想道德行为综合考评制度和参加社会实践的有效机制。完善各级各类学校教师的职业道德规范，提高教师队伍的整体素质，以人民教师特有的人格魅力、学识魅力和卓有成效的工作教育和影响学生。在国民教育中增加优秀传统文化内容，更好地用中华优秀传统文化滋养人们心灵、陶冶道德情操。

◇ **三、在经济社会治理中维护和弘扬社会主义核心价值观**

全面深化改革，推进国家治理体系和治理能力现代化，做好有关政策、法规的制定和修订工作，应有利于培育和践行核心价值观。必须始终坚持正确的政策导向，使经济建设、政治建设、文化建设、社会建设和生态文明建设等政策措施都有利于弘扬社会主义核心价值观，防止背离现象、脱节问题。

确立经济发展目标和发展规划，出台经济社会政策和重大改革措施，开展各项生产经营活动，要遵循社会主义核心价值观要求，做到讲社会责任、讲社会效益、讲守法经营、讲公平竞争、讲诚信守约，形成有利于弘扬社会主义核心价值观的良好政策导向、利益机制和社会环境。与人们生产生活和现实利益密切相关的具体政策措施，要注重经济行为和价值导向的有机统一，经济效益和社会效益的有机统一，实现市场经济和道德建设良性互动。建立完善相应的政策评估和纠偏机制，防止出现具体政策措施与社会主义核心价值观相背离的现象。近年来，在文化市场治理中，管理部门和行业组织大力倡导文化生产和经营要有社会责任感和企业家良知，得到了业界响应，产生了积极效果。

把社会主义核心价值观贯彻到依法治国、依法执政、依法行政实践中，落实到立法、执法、司法、普法和依法治理各个方面，用法律的权威来增强人们培育和践行社会主义核心价值观的自觉性。加强法治宣传教育，培育社会主义法治文化，弘扬社会主义法治精神，增强全社会学法、尊法、守法、用法意识。近年来，全国各地选择百姓关注、影响力大、富有时代特征和地方特色的事件，设计并推出各种形式的法治文化活动，让参与者受到生动形象、潜移默化的法治熏陶，其中有些活动已经产生了很大的社会影响力，营造了有利于培育和践行社会主义核心价值观的良好法治环境。

把践行社会主义核心价值观作为社会治理的重要内容，融入制度建设和治理工作中，形成科学有效的诉求表达机制、利益协调机制、矛盾调处机制、权益保障机制，最大限度增进社会和谐。创新社会治理，完善激励机制，褒奖善行义举，实现治理效能与道德提升相互促进，形成好人好报、恩将德报的正向效应。完善市民公约、村规民约、学生守则、行业规范，强化规章制度实施力度，在日常治理中鲜明彰显社会主流价值，使正确行为得到鼓励，错误行为受到谴责。

推动核心价值观的践行，还应当把抓建设与抓治理结合起来，集中力量对人们反映强烈的道德领域突出问题进行专项整治。对那些伤风败俗的丑恶行为，对那些激起公愤的缺德现象，运用舆论手段、经济手段、法律手段等，予以遏制、加强惩戒，形成社会压力，绝不能听之任之。政务诚信、商务诚信、社会诚信和司法公信，一直是各方面关注的焦点，要坚持不懈地抓下去，下大气力解决食品药品安全、社会秩序、公共服务等方面的突出问题，务求取得看得见、感受得到的成效。随着我国经济快速发展和人民生活水平不断提高，出行旅游越来越成为人们生活的一部分，旅游中不文明现象日益凸显出来。要进一步加大治理力度，引导公众增强文明出游意识，更好地塑造和展示良好国家形象。

第三节　培育和践行社会主义核心价值观是全社会的共同责任

培育和弘扬社会主义核心价值观，事关提高全民族的思想道德素质，涉及各个领域、各个方面，是全党全社会的共同责任。

◇　一、加强领导、齐抓共管

各级党委和政府应把这项任务摆上重要位置，把握方向，制定政策，营造环境，切实负起政治责任和领导责任。把社会主义核心价值观的要求体现到经济建设、政治建设、文化建设、社会建设、生态文明建设和党的建设各领域，推动培育和弘扬社会主义核心价值观同实际工作融为一体、相互促进。建立健全培育和践行社会主义核心价值观的领导体制和工作机制，加强统筹协调，加强组织实施，加强督促落实，提高工作科学化水平。党的基层组织要在推动社会主义核心价值观培育和践行方面，发挥政治核心作用和战斗堡垒作用。

必须坚持全党动手、全社会参与，把培育和践行社会主义核心价值观同各领域的行政管理、行业管理和社会管理结合起来，形成齐抓共管的工作格局。党政各部门，工会、共青团、妇联等人民团体，要在党委统一领导下，加强沟通、密切配合，形成共同培育和弘扬社会主义核心价值观的良好局面。各地区、各部门、各单位要制订实施方案，落实工作责任制，明确任务分工，完善工作措施。重视发挥民主党派和工商联的重要作用，支持民主党派和工商联开展培育和践行社会主义核心价值观的各项工作。加强同知识界的联系，引导知识分子用正确观点阐释和传播社会主义核心价值观。党委宣传部门要切实担负起组织指导、协调推进的重要职责，积极会同有关部门采取有力措施，推动各项任务落到实处。

净化文化环境、构建未成年人健康成长的社会大课堂，就是一项事关践行社会主义核心价值观的重要任务，需要动员各方力量更加积极地参与。在网络环境方面，近年来，相关部门开展了"净网""秋风""净化网络环境专项行动"等一系列专项行动，全面清理了商业网站、新闻网站、搜索引擎网站、音视频网站等重点环节，关闭了一批违法违规网站和频道，清理了一批网络淫秽色情及低俗信息，处罚了一批开设淫秽色情网站、传播淫秽色情信息的人员，公开曝光了一批传播淫秽色情及低俗信息的典型案例，有效遏制了淫秽色情信息的传播蔓延。对未成年人获取淫秽色情及低俗信息的主要途径进行了重点监管和集中清理。与此同时，坚持管建结合，开展丰富多彩的网络文化活动，加强网络内容建设，丰富未成年人网上生活。这项工作要常抓不懈，还需动员更多的社会力量参与。

城乡基层是培育和践行社会主流价值的重要依托。多年来，在农村、企业、社区、机关、学校等基层单位，也涌现了一批新典型和新模式。它们把社会主义核心价值观的培育和践行，融入基层党组织建设、基层政权建设中，融入城乡居民自治中，融入人们生产生活和工作学习中，努力实现全覆盖，推动社会主义核心价值观不断转化为社会群体意识和人们自觉行动。

◇ 二、人人参与、人人实践

核心价值观的生命力在于实践，在于每一个社会成员自觉行动。参与面越广，践行核心价值观的社会基础就越深厚。培育和践行核心价值观，必须坚持教育和实践两手抓，以教育引导实践、以实践深化教育。

培育和弘扬社会主义核心价值观，应内化于心，外显于行。对核心价值观的践行是具体的，必须坚持由易到难、由近及远，动员人们从身边小事做起、从一点一滴做起，把"三个倡导"要求变成日常的行为准则，进而增强自觉奉行和日常践行的能力。要坚持不懈推动实践养成，广泛开展"学雷锋"等志愿服务活动，开展群众性精神文明创建活动，引导人们在实践中深化对核心价值观的理解。要充分利用重大节日、重大活动，开展面向大众的主题实践活动，开展必要的礼仪活动，让人们更好感悟核心价值观的真谛和要义。推动核心价值观的践行，一定要注意贴近性、对象化、接地气，实现内容和形式的有机结合，让人们便于参与、乐于参与。

道德模范评选表彰活动是中央文明办等单位于 2007 年开始组织实施的推进公民道德建设的一项创新活动，评选表彰"助人为乐""见义勇为""诚实守信""敬业奉献""孝老爱亲"五类道德模范，每两年举行一次。这项活动已经成为广大群众自我参与、自我教育、自我提高的载体，对于在全社会弘扬中华民族传统美德发挥了积极作用。2013 年，由中央文明办开展的"我推荐、我评议身边好人"活动，共推荐好人好事 4 万余件，中国文明网重点宣传展示候选人 7993 位，1226 人入选"中国好人榜"。2013 年 9 月 26 日，习近平在北京会见第四届全国道德模范及提名奖获得者，强调道德模范是社会道德建设的重要旗帜，要深入开展学习宣传道德模范活动，弘扬真善美，传播正能量，激励人民群众崇德向善、见贤思齐，鼓励全社会积善成德、明德惟馨，为实现中华民族伟大复兴的中国梦凝聚起强大的精神力量，筑起有力的道德支撑。

ⓘ _案例_

"他们不傻"

"我怀着一种敬畏之情，观看了2013《圆梦中国　德耀中华》全国第四届道德模范先进事迹，收看整场颁奖仪式，我用心聆听着道德模范的一个个感人的事迹，有的是用生命的代价换来的，有的是用一生的爱来诠释的，我的心灵再一次受到洗礼、震撼。他们这样做，傻吗？有人说是，有人竖起大拇指，直夸'好样的'。我却情不自禁地向他们敬礼。助人为乐道德模范的事迹，让我对助人为乐有了全新的理解。"——一位网友的感言

培育和践行社会主义核心价值观，要充分发挥工人、农民、知识分子的主力军作用，发挥党员、干部的模范带头作用，发挥青少年的生力军作用，发挥社会公众人物的示范作用，发挥非公有制经济组织和新社会组织从业人员的积极作用。要把践行核心价值观的情况，作为考核评价、选拔任用干部的重要依据。对那些信念坚定、为民服务、勤政务实、敢于担当、清正廉洁的好干部，要及时提拔任用到合适岗位上来，形成鲜明的以德为先的用人导向。对那些信念动摇、精神颓废的干部，对那些腐化堕落、道德败坏的干部，对那些在关键时刻逃避责任、引起民愤民怨的干部，要及时作出组织处理，绝不能让"问题干部"消解思想道德建设的正效应。

▌本章小结 ▌············

社会主义核心价值观是当代中国文化的灵魂，是实现中国梦的价值引领。社会主义核心价值观是在社会主义核心价值体系基础上提出来的，其特点体现在"三个倡导"上。要把培育和弘扬社会主义核心价值观落到实处，立足于中华优秀传统文化，在人们的生产生活和精神世界中融入社会主义核心价值观，在经济社会治理中维护和弘扬社会主义核心价值观。培育和弘扬社会主义核心价值观，事关提高全民族的思想道德素质，涉及各个领域、各个方面，是全党全社会的共同责任。

✎ 思考题

1.社会主义核心价值观的特点是什么？

2.为什么说中国优秀传统文化是社会主义核心价值观的重要源泉？

3.怎样把社会主义核心价值观作为主线贯穿到文化建设的各个方面？

第三章

繁荣和发展哲学社会科学

哲学社会科学是对世界普遍问题和人类社会现象进行理论思维的结晶，其作用突出表现为认识世界、传承文明、创新理论、咨政育人、服务社会。哲学社会科学事业是文化建设的重要组成部分，建设社会主义文化强国，实现文化的大发展大繁荣，离不开繁荣发展的哲学社会科学。

第一节　我国哲学社会科学的新发展

新中国成立六十多年来，特别是改革开放三十多年来，哲学社会科学事业同党和国家的事业同步发展，取得了不平凡的业绩，成为驱动国家蓬勃兴旺、健康发展的重要文化引擎。

◇　一、巩固发展马克思主义理论学科

马克思主义深刻揭示了人类社会的发展规律，坚定维护和发展最广大人民根本利益，是指引人民推动社会进步、创造美好生活的

科学理论。广大哲学社会科学工作者自觉把加强马克思主义理论学科建设作为根本性、长期性的任务，加强马克思主义基本原理、马克思主义发展史、马克思主义中国化以及思想政治教育研究与学科建设，加强中国特色社会主义理论体系研究与学科建设，加强以马克思主义为指导的哲学社会科学各学科基础理论研究与学科建设，取得了扎实成果。

2004 年启动的马克思主义理论研究和建设工程，是党的十六大以来中央组织实施的思想理论建设的标志性工程。工程取得了突出的成果，在马克思主义经典著作编译和基本观点研究、毛泽东思想和中国特色社会主义理论体系研究、重大理论问题和现实问题研究、学科体系和教材体系建设、人才队伍建设等方面取得一系列进展，在凝聚哲学社会科学界力量、推动党的思想理论建设、促进哲学社会科学繁荣发展方面发挥了重要作用。作为一项理论创新工程，它以其成功的实践、丰硕的成果，展示了强大的影响力和凝聚力，对新形势下推进党的思想理论建设和哲学社会科学繁荣发展，具有重大意义。

哲学社会科学的研究与应用显示出强大的影响力，在社会主义初级阶段理论、社会主义市场经济理论、依法治国方略、社会主义先进文化等关系中国特色社会主义事业全局的重大理论观点和方针政策方面，都可以看到来自哲学社会科学领域的贡献。

◇　二、学科体系不断健全

学科建设是繁荣发展哲学社会科学的基础性工作。坚持基础研究和应用研究并重，传统学科和新兴学科、交叉学科并重，是加强哲学社会科学学科建设的基本原则。

新中国成立不久，党和国家即将哲学社会科学学科体系、教材体系和研究体系的建设提上日程。改革开放以来，党中央为适应形势发展的需要，不断加大对哲学社会科学研究和教学体系的投入，建设起一批有较高的理论水准和创新能力的基础学科、应用学科以及立足学术前沿的新兴学科和交叉学科。到目前为止，共有20个一级学科、400多个二级学科。马克思主义原理、历史学、考古学、哲学、文学、语言学、经济学、法学、社会学、人口学、民族学与人类学、宗教学、政治学、新闻学、军事学、教育学、艺术学和国际问题研究等学科，构成了门类齐全、布局合理的学科体系。

国务院学位委员会2011年4月召开的会议一致通过，将艺术学科独立成为艺术学门类，原属文学门类的艺术学科从文学所属的中国语言文学、外国语言文学、新闻传播学、艺术学四个并列一级学科中独立出来，成为新的第13个学科门类，即艺术学门类。艺术学门类下设五个一级学科，艺术学理论、音乐与舞蹈学、戏剧与影视学、美术学和设计学，可授艺术学、工学学位。艺术学的独立，是艺术学自身发展到了一定成熟程度的表现和时代共识的标志。艺术学从文学门类中分离，标志着艺术学已成为与自然科学学科互补共进的人文学科的重要组成部分，为我国学科专业设置和人才培养提供了更大的空间和自主性，也为文化建设创造了新的条件。

◇ 三、哲学社会科学成果丰硕

推出代表国家水准、具有世界影响、经得起实践和历史检验的优秀成果，是检验哲学社会科学繁荣发展水平的根本标准。哲学社会科学的研究能力和成果，是综合国力的重要组成部分，反映出一个民族的价值观念分量、思维成熟程度和对人类社会探索的广度深度。

党和政府对哲学社会科学研究工作给予高度重视，在队伍建设、科研经费等方面给予大力支持。在这一背景下，国内各高校、科研院所也大力加强哲学社会科学研究工作，给予科研人员更多的研究支持和帮助，学者的研究环境和研究条件大为改善，学术成果较之以往大为增多。广大哲学社会科学工作者以先进的理论为指导，努力准确把握当今世界发展趋势，深刻认识当代中国经济社会发展规律，善于在实践中创新理论，服务社会，推出了一大批优秀成果，有些堪称是代表当今中国水准的扛鼎之作。

全国哲学社会科学规划领导小组批准设立的《国家哲学社会科学成果文库》是这些巨大成果中的一个缩影。2011 年度"文库"70种著作已于 2012 年 3 月出齐，其中包括对马克思主义中国化和中国特色社会主义理论体系等重大理论问题的研究，如《以科学态度对待马克思主义：马克思恩格斯的思想与实践》《社会主义意识形态的吸引力和凝聚力研究》《批判与建构：〈德意志意识形态〉文本学研究》等；对哲学社会科学各学科领域基础理论问题的研究，如《苏区制度、社会和民众研究》等；对经济社会发展中重大现实问题的研究，如《欧盟单一市场政策调整对我国商品出口的影响及对策研究》《中国地方政府规模与结构优化研究》《中国公共财政建设指标体系研究》等。

◇ 四、形成发展哲学社会科学的体制机制

哲学社会科学界更加自觉地结合我国实际和时代特点，以重大

现实问题为主攻方向，加强对全局性、战略性、前瞻性问题研究，紧紧围绕社会主义经济建设、政治建设、文化建设、社会建设、生态文明建设和党的建设，深入研究坚持和发展中国特色社会主义、完善社会主义基本制度，实现科学发展，民主政治建设，文化建设，社会分配及保障和改善民生，加强社会管理、促进社会和谐等重大理论和现实问题，深入研究国际重大理论、重大战略、重大事件和热点焦点问题，推出高质量研究成果，为党和国家决策提供及时有效的对策建议。

国家加大了对哲学社会科学研究的投入，国家社科基金总量逐年大幅增加。目前，国家社科基金已成为我国许多社科研究机构研究经费的重要来源，成为专家学者承担高层次社科研究项目的重要渠道。国家社科基金还加强了对项目的中后期管理，对成果存在政治问题、学术不端行为或质量极其低劣且缺乏良好治学态度的，予以撤项。

我国哲学社会科学的发展水平，与世界先进国家相比还有较大的差距，与时代和事业发展的要求相比还存在许多不适应：哲学社会科学重要的战略地位还没有受到普遍重视，哲学社会科学管理体制需要进一步改革，创新环境需要进一步改善，经费投入需要进一步加大，理论队伍建设特别是中青年理论人才培养相对滞后，国际学术话语权和影响力还有待提升，繁荣哲学社会科学事业还任重道远。

第二节　建设中国特色哲学社会科学

当前，中国进入全面建成小康社会的关键时期和深化改革开放、加快转变经济发展方式的攻坚时期，坚持和发展中国特色社会主义，开创中国特色社会主义事业新局面，迫切需要哲学社会科学提供更强大的精神动力和智力支撑。

✧ 一、构建和完善国家创新体系

自 20 世纪 90 年代起，世界上一些国家相继把建设和完善国家创新体系确立为国家战略。在此背景下，我国着手研究制定国家创新体系建设规划，并于 90 年代末正式付诸实施。十多年来，我国国家创新体系经历了从知识创新、技术创新、体制机制创新到全面创新的不断完备的过程。随着改革开放和现代化建设事业的不断推进，我们党对哲学社会科学地位和作用的认识越来越深刻，把哲学社会科学创新体系纳入到国家创新体系范畴。党的十八大报告明确指出：要发展哲学社会科学，建设哲学社会科学创新体系。这是党中央站在时代高度提出的一项战略任务，也是我国哲学社会科学繁荣发展的必由之路。

建设哲学社会科学创新体系，是在新的历史起点上坚持和发展中国特色社会主义的必然要求，是增强国家软实力、提高国际竞争力、争夺国际话语权的必然要求，也是建设创新型国家、拓展和完善国家创新体系的必然要求。哲学社会科学创新体系是一个有机整体，必须统筹规划、系统推进。

一是学科体系创新。学科体系创新是哲学社会科学创新体系建设的重要基础和依托。随着时代的发展，哲学社会科学学科也处在不断发展和调整之中，新的学科不断产生，旧的学科时有式微，有的学科分化出新的分支学科，有的学科相互靠拢，发展出交叉学科，等等。因此，要遵循哲学社会科学学科发展规律，完善学科建设机制，优化学科结构，形成具有时代特点、门类齐全、结构合理、优势突出、立足国际学术前沿、适应国家经济社会发展需要的学科布局。必须坚持基础研究和应用研究并重，传统学科和新兴学科、交叉学科并重，着力促进哲学社会科学与自然科学的相互渗透，促进哲学社会科学不同学科之间的相互渗透。

二是学术观点创新。学术观点创新是哲学社会科学创新体系建设的核心内容和中心任务，是哲学社会科学研究的本质与精髓。学术观点创新，就是不拘泥于书本、不拘泥于经验、不拘泥于已有认识，从当前客观实际出发，提出有科学依据、经得起实践和历史检验的原创性学术观点；或在继承和借鉴他人、前人研究成果基础上，有所发展、有所完善、有所校正、有所突破。为此，要发扬学术民主、艺术民主，鼓励创立中国观点、中国学派，倡导积极健康的学术批评与反批评，与国际哲学社会科学界开展平等的、有尊严的对话和交流。

三是科研方法创新。科研方法创新是当代哲学社会科学繁荣发展的必然要求，是实现理论创新、观念创新和学科创新的重要条件。应当广泛吸收借鉴自然科学和其他学科先进的研究方法，着力推进社会科学研究方法和研究手段创新，全面提高社会科学研究的现代化水平。应该加强哲学社会科学信息化建设，大力推进深度信息化进程，积极打造数字化哲学社会科学研究教学机构。整合全国哲学社会科学研究力量，规划建设一批涵盖哲学社会科学主要学科的大型专业数据库和国家重点实验室，为宏观性、战略性、全局性、综合性、前瞻性哲学社会科学研究提供有力支持。

四是话语体系创新。话语体系是思想理论的外在表达形式。习近平在 2013 年召开的全国宣传思想工作会议上指出，要加强话语体系建设，着力打造融通中外的新概念、新范畴、新表述，增强在国际上的话语权。创新哲学社会科学话语体系，是繁荣发展哲学社会科学的迫切要求，是增强中国学术国际影响力的迫切要求，是应对国际思想文化斗争的迫切要求。哲学社会科学话语体系创新，要植根中国特色社会主义生动实践，在汲取传统文化精华和借鉴世界各国优秀文明成果的基础上，积极构建让世界听得懂、能信服的理论和话语，用中国的理论研究和话语体系解读中国实践、中国道路，增强中国学术的国际影响力和话语权。

建设哲学社会科学创新体系，目的在于形成具有中国特色、中国风格、中国气派的哲学社会科学。所谓中国特色，就是以马克思主义特别是中国特色社会主义理论体系为指导，继承中国优秀文化成果，扎根中国现实土壤，回答和解决中国问题。所谓中国风格，就是注重实践、贴近生活，百家争鸣、各展所长，历久弥新、简约深刻。所谓中国气派，就是体系完备、科学严谨，领先时代、高瞻远瞩，博大精深、兼收并蓄。中国的哲学社会科学应当体现鲜明的时代精神和厚重的民族精神，与中国国情相结合，与党和国家的工作大局相结合，牢固树立自己的核心价值和话语体系。

✧ 二、让哲学社会科学走进大众

必须找到理论传播的最佳切入口和最优路径，找到符合群众的语言特点和认知规律，掌握群众的喜怒哀乐和思想脉搏，直指群众最关心的利益、最迫切的需求和最困惑的认识，真正把科学理论讲到人民群众心坎儿里，直面问题、聚焦热点，与群众面对面、心贴心。各地哲学社会科学工作者近年来不断摸索实现理论大众化的新途径、新模式，紧密联系改革开放和现代化建设的实际，联系干部群众的思想实际、生活实际，采用群众易懂的语言、身边熟悉的事例、喜闻乐见的风格，从而找准了科学理论与人民群众的结合点。

为深入回答干部群众普遍关心的热点问题，把理论讲到群众心坎儿里，中宣部理论局从 2003 年开始，每年组织编写一本《理论热点面对面》的系列通俗理论读物，经过十多年的努力，在广大读者心中产生广泛和深远的影响。舆论认为，七十多年前，艾思奇的《大众哲学》一书风行，"大众都能懂的哲学，大众都应该懂的哲学"深深影响了一代人。今天，《理论热点面对面》等理论著作走入千家万户，赢得大众掌声。2014 年出版的《改革热点面对面》，紧密联系全面深化改革的新形势，联系干部群众的思想实际，梳理出弘扬社会主义核心价值观、政府和市场的关系、农村土地制度改革、户籍制度改革、考试招生制度改革、养老保险制度改革、计划生育政策调整、生态文明制度建设、司法体制改革、反腐败体制机制创新 10 个问题，并作了深入浅出、通俗易懂的阐释，科学解读了相关改革政策出台的背景和考虑，有助于人们全面准确理解把握改革的一系列举措。《改革热点面对面》还首次通过微博和微信的形式，进一步加强与读者互动，读者通过扫描书后二维码就可关注其官方微博与微信。

为让社会科学知识走进千家万户，各地广泛开展的"三下乡""社科普及周""社科普及月"等活动，对推动社会科学切实走进百姓生活、提升公众人文社科素养产生了积极作用。除了开展宣传咨询、各类讲座（报告会）等活动之外，又不断开拓创新活动载体，凸显较大影响的社科普及活动新亮点。如组织社科联、高校相关专家，围绕科学理论、时事政策、人文知识、文明礼仪等内容精心选题，统一策划和部署，各地通过社会大众喜闻乐见、易于参加的形式，组织"提升人文素质"的大众知识竞赛等活动，深受当地群众欢迎。

▲ 社区居民积极参加民族团结知识竞赛

（新华社发　江文耀／摄）

ⓘ _案 例_

"坝坝讲坛"

自 2012 年 5 月起，四川省渠县出现了一个被老百姓称为"坝坝讲坛"的群众讲坛。这个讲坛的最大特点是"群众点题、群众点将、群众点评"。为了让群众及时了解党的最新理论和方针政策，渠县组织了八个理论宣讲小分队，针对群众最关心的话题，用老百姓最熟悉的语言，解疑释惑。既有事先经过调查征集来的问题，又有现场答问，话题从"城乡差距是否缩小""村官处事公道不公道"到"为什么我不能享受低保""城乡建设规划实施后我们村会有哪些变化"等等，一场"坝坝讲坛"往往吸引了上百人听课。宣讲团主要由理论骨干和社会科学专家组成，也包括县委县政府领导和政府部门负责人，村民可以根据自己的了解和喜好，选择由谁来讲。村民还可以借助这个讲台要求安排农业技术人员、法律人士，帮助解决一些生产生活中的实际困难。每场宣讲结束，县委宣传部工作人员都会发给每位村民一份调查问卷，请群众打分。

◇ **三、掌握国际话语权**

当今世界正处在大发展、大变革、大调整时期，各种力量纵横捭阖，围绕综合国力、国际秩序、国际市场、地缘政治、发展模式、价值观念的全方位竞争日趋激烈。随着中国的崛起，一些国家的担忧和疑虑与日俱增，甚至联合起来遏制中国发展，从而使我国的经济安全、金融安全、能源资源安全、领土领海安全、文化安全、信息安全等问题十分严峻。面对复杂的国际形势和国际环境以及不断出现的新的国际问题，迫切需要哲学社会科学界认真研究和回答，主动争取和掌握国际话语权和舆论主导权，为维护国家安全和核心利益提供有价值的研究成果和建议。

实施哲学社会科学优秀人才和精品成果"走出去"战略，是一项重要任务。近年来，哲学社会科学优秀成果"走出去"的步伐明显加快，面向国外系统翻译、出版和介绍我国哲学社会科学高水平研究成果和精品力作，进一步扩大了在国际上的影响力和竞争力。国家加大力度支持优秀专家走进海外高端智库，赴海外重要学术机构和国际组织开展高层交流，合作进行有关经济社会发展及国际问题研究。培养一批能够在国际交流中直接对话、有实力争取话语权的中青年学术英才。同时，着力推出一批优秀外文学术期刊和外文精品图书。积极开展周边和发展中国家青年学者培训项目，与国外知名大学和学术机构合作培养博士研究生。这些措施，取得了明显成效。

第三节　为科学决策提供高质量的智库支持

《中共中央关于全面深化改革若干重大问题的决定》提出，加强中国特色新型智库建设，建立健全决策咨询制度。习近平也对智库建设作出重要批示，指出智库是国家软实力的重要组成部分，要高度重视、积极探索中国特色新型智库的组织形式和管理方式等。

2014 年 10 月 27 日上午，习近平主持召开中央全面深化改革领导小组第六次会议。会议审议了《关于加强中国特色新型智库建设的意见》。习近平指出，总体上看，现在一些地方和部门，科技资源配置分散、封闭、重复建设问题比较突出，不少科研设施和仪器重复建设和购置，闲置浪费比较严重，专业化服务能力不高。要从健全国家创新体系、提高全社会创新能力的高度，通过深化改革和制度创新，把公共财政投资形成的国家重大科研基础设施和大型科研仪器向社会开放，让它们更好地为科技创新服务、为社会服务。推进这项改革要细化公开有关实施操作办法，加强统筹协调，一些探索性较强的问题可先试点。他强调，我们进行治国理政，必须善于集中各方面智慧、凝聚最广泛力量。改革发展任务越是艰巨繁重，越需要强大的智力支持。要从推动科学决策、民主决策，推进国家治理体系和治理能力现代化、增强国家软实力的战略高度，把中国特色新型智库建设作为一项重大而紧迫的任务切实抓好。要坚持党的领导，把握正确导向，充分体现中国特色、中国风格、中国气派；坚持科学精神，鼓励大胆探索；坚持围绕大局，服务中心工作；坚持改革创新，规范发展。要统筹推进党政部门、社科院、党校、行政学院、高校、军队、科技和企业、社会智库协调发展，形成定位明晰、特色鲜明、规模适度、布局合理的中国特色新型智库体系，重点建设一批具有较大影响和国际影响力的高端智库，重视专业化智库建设。

近年来，哲学社会科学界越来越明确地把建设党和政府的思想库智囊团作为目标，以重大理论和现实问题为科研主攻方向，在破解发展难题、健全科学发展体制机制等方面推出高质量研究成果，提出切实有效的对策建议。国家社科基金重点扶持对经济社会发展有重要影响的研究项目，注重发挥在研项目特别是重大项目的服务决策功能。近年来，先后确立了几百项应用对策研究重大项目，每个在研重大项目每年必须报送两篇决策咨询报告，并以此作为评价和考核项目研究质量的重要依据，产生了很好的效果。基金还建立"决策咨询联系点"，并将它上升为哲学社会科学研究专题思想库，资助有特色、有专业优势的研究机构在相关领域开展长期、持续、深入的专项研究，随时为党和政府决策提供有价值的咨询服务，产生了一批具有较高政策价值和重大影响的研究成果，推动了决策科学化、民主化进程，为我国改革开放和社会主义现代化建设事业贡献了智慧和力量。有些智库在国际上产生了较大的影响力。

中国智库仍存在着数量不多、质量不高的问题，必须加快建设一批高质量的智库。

一是强化服务国家经济社会发展的导向。我们党在历史上形成的理论联系实际的学风，熏陶和培育了一代又一代哲学社会科学工作者。今天的广大哲学社会科学工作者要更加自觉地按照中央要求，坚持理论联系实际，坚持一切从实际出发，以实践作为检验真理的唯一标准，以我国改革开放和社会主义现代化建设的实际问题、以我们正在做的事情为中心，着眼于马克思主义理论的运用，着眼于对实际问题的思考，着眼于新的实践和新的发展，真正把学术理论成果转化为服务国家、造福人民的重要工具。

当前，我国经济体制、社会结构、利益格局、思想观念都在发生广泛而深刻的变化，新情况、新问题不断出现。坚持和完善社会主义基本经济制度、政治制度和文化制度，面临着许多重大理论和实践问题；我国经济发展的人口资源环境约束不断增强，转变经济发展方式刻不容缓；收入分配、就业、社会公平等问题非常重要，社会管理问题尤为突出；等等。回答和解决这些重大问题，迫切需要哲学社会科学界坚持解放思想、实事求是、与时俱进，以经济社会发展的重大理论和现实问题为主攻方向，加强研究工作，提供决策参考，以自身的繁荣发展为经济建设和社会进步尽到责任，付出努力。

二是要建立形式多样、结构合理的智库组织形式。在我国革命和建设前期，我们党就高度重视决策咨询和调查研究工作，但尚未形成较为专业、完整的团队形式的智库。20 世纪 70 年代后期，尤其是改革开放以来，我国相继成立了中国社会科学院、国务院发展研究中心等政策理论咨询研究机构。据上海社会科学院统计，目前我国比较活跃的各类智库有几百家，初步形成了官方智库为主，高校智库、企业智库和民间智库共同发展的格局。

三是要加强组织领导，为智库建设提供有力保障。健全管理体制，把加强智库建设作为哲学社会科学的重点任务，做好统筹规划，明确任务分工，形成工作合力，完善政策配套支持。根据新型智库特点和发展需要，建立健全政策指导到位、保障措施得力、有利于激发智库活力的管理机制。加强经费保障，加大经费投入力度，多措并举筹集智库建设经费。完善经费使用机制，加大人力资本投入，实行绩效奖励。规范经费管理，加强绩效评估和审计，提高经费使用效益。

总体上看，中国特色新型智库的组织形式和管理方式的探索还刚刚起步，智库作为国家软实力的重要组成部分还缺乏制度性保障。应该创新体制机制，整合优质资源，打造智库品牌，尽快形成智库在党和国家科学、民主决策体系中发挥作用的制度化、规范化、程序化的安排。在进一步加强官方智库建设的同时，注重发挥

▲ 金砖国家智库论坛开幕 　　　　　　　　（新华社记者　刘潺 / 摄）

民间智库的作用，面向社会广泛调动和激发智库活力，形成各级社会科学研究机构、高校、企业以及多方面的智库合力。

　　中国社会科学院和相关研究机构已经相继提出建设一流智库的目标，教育部《中国特色新型高校智库建设推进计划》提出支持和培养一批具有重要影响的高端智库人才和咨政研究团队，民间智库也积极行动起来，新一代中国智库将发挥更大的作用。

▌ 本章小结 ▌···········

　　哲学社会科学是对世界普遍问题和人类社会现象进行理论思维的结晶，具有认识世界、传承文明、创新理论、咨政育人、服务社会的重要功能。改革开放三十多年来，我国哲学社会科学巩固发展了马克思主义理论学科，学科体系不断健全，取得了一系列重大成果。在进一步建设中国特色哲学社会科学方面，要构建和完善国家创新体系，并且让哲学社会科学走进大众，掌握国际话语权。智库是国家软实力的重要组成部分，要高度重视、积极探索中国特色新型智库的组织形式和管理方式。

名 词 解 释

智库：又称思想库、外脑，是指汇集多学科专门人才、能为政府机构、企业等提供咨询服务的组织或团体，是现代领导管理体制中的一个不可缺少的重要组成部分。智库的主要任务是：提供咨询，为决策者献计献策、判断运筹，提出各种设计；反馈信息，对实施方案追踪调查研究，把运行结果反馈给决策者，便于纠偏；进行诊断，根据现状研究产生问题的原因，寻找解决问题的症结；预测未来，从不同的角度运用各种方法，提出各种预测方案供决策者选用。

🖊 思 考 题

1. 如何认识哲学社会科学的地位和作用？

2. 如何让哲学社会科学走向大众？

3. 怎样发挥智库的作用？

第 四 章

繁荣文艺创作

文艺作品作为精神创造活动的成果，体现着一个民族、国家、时代的精神和价值取向。文艺创作的繁荣，不仅是文化创新的推动力量，也是一个民族有活力、一个国家有创新精神的体现。只有激发创作活力，才能提高文化产品质量，创作出更多更好的优秀作品，发挥引领风尚、教育人民、服务社会、推动发展的作用，推动社会主义文化全面发展。

第一节　文学艺术获得长足发展

习近平在文艺工作座谈会上指出，文艺事业是党和人民的重要事业，文艺战线是党和人民的重要战线。长期以来，广大文艺工作者致力于文艺的创作、表演、研究、传播，在各自领域辛勤耕耘、服务人民，取得了显著成绩，作出了重要贡献。在大家共同努力下，我国文艺园地百花竞放、硕果累累，呈现出繁荣发展的生动景象。

❖ 一、文艺创作硕果累累

在弘扬"主旋律"、提倡"多样化"的创作思想指导下，我国的创作环境更加宽松，创作观念得到极大解放，创作方法日益丰富，创作题材更加广阔，创作形式更为多样，文学艺术的创新和各种探索得到包容，各类文艺生产空前繁荣，文学、戏剧、电影、电视、音乐、舞蹈、美术、摄影、书法、曲艺、杂技以及民间文艺、群众文艺等各领域，相继推出了自己的精品工程。

精品代表着一个民族、一个时代所能达到的精神高度和文化深度，能够带动公民文化生活水平的实质性提高，带动文化建设的整体性发展。广大文艺工作者积极投身到讴歌时代和人民的文艺创造活动之中，在社会生活中汲取素材、提炼主题，以充沛的激情、生动的笔触、优美的旋律、感人的形象，创作生产出思想性、艺术性、观赏性相统一，人民喜闻乐见的优秀文艺作品。

近年来，一批精品工程和重点项目的实施，带动了文艺作品质量的整体提升。在创作过程中，无论是宏大主题的叙事，还是百姓情感的表达，无论是历史进程的展示，还是现实生活的描绘，无论是传统的艺术门类，还是新生的表现形式，都努力在艺术上不断超越，在感染力上不断升华。由党中央倡导、中共中央宣传部组织实施的精神文明建设"五个一工程"，自 1991 年开始实施，目前周期为五年两届。至 2014 年，又评选出近两年首次播映、上演、出版的文艺作品：27 部电影、30 部电视剧、6 部动画片、9 部电视纪录片、33 部戏剧、31 首歌曲、22 部广播剧、28 种图书，共 186 种获奖作品，可谓优中选优，囊括了各文艺部门的优秀作品。这项工程推动形成了一种以作品带人、以人促作品的生动气象，发挥着激励、导向、示范、精品、育才五大作用。

在信息化和互联网时代，网上图书馆、网上博物馆、网上展览馆、网上剧场相继出现，网络文学、网络音乐、网络广播、网络影视等均呈快速发展态势，网络游戏、网络动漫、网络音乐、网络影视等产业迅速崛起，为推出一批具有中国气派、中国风格的网络文化品牌，推动优秀传统文化瑰宝和当代文化精品的数字化、网络化传播，建设丰富多彩的网络精神家园，创造了新的机遇。

ⓘ 案 例

《舌尖上的中国》

2012 年和 2014 年，《舌尖上的中国》和《舌尖上的中国 2》风靡中国，好评如潮。舆论认为，它是美食献给普通劳动者的颂歌，不见"烹饪大师"，不见"美食专家"，更没有"厨艺大赛"，有的是手工挖莲藕、两小时采竹笋、全中国只剩 5 人继承的高跷式捕鱼、七十多岁吉林"鱼把头"、卖黄馍馍的陕北老汉、陪外婆制作年糕的浙江慈城小姑娘。它对食物朴素细腻的描述，对人和食材关系的微妙理解，悄然传达出几千年来中国人在劳动中所产生的智慧思考以及味觉审美，每一道食物都能勾起观者的浓浓思乡之情。美国《侨报》报道，华人圈观美食，心中泛起乡愁，口水与眼泪齐飞，口水是献给美食的，眼泪却是献给故乡及亲人的。

必须正确判断文艺创作的成就和目前存在的问题。习近平在文艺工作座谈会上指出，文艺事业是党和人民的重要事业，文艺战线是党和人民的重要战线。长期以来，广大文艺工作者致力于文艺创作、表演、研究、传播，在各自领域辛勤耕耘、服务人民，取得了显著成绩，作出了重要贡献。在大家共同努力下，我国文艺园地百花竞放、硕果累累，呈现出繁荣发展的生动景象。他强调，改革开放以来，我国文艺创作迎来了新的春天，产生了大量脍炙人口的优秀作品。同时，也不能否认，在文艺创作方面，也存在着有数量缺质量、有"高原"缺"高峰"的现象，存在着抄袭模仿、千篇一律的问题，存在着机械化生产、快餐式消费的问题。文艺不能在市场经济大潮中迷失方向，不能在为什么人的问题上发生偏差，否则文艺就没有生命力。低俗不是通俗，欲望不代表希望，单纯感官娱乐不等于精神快乐。作品之所以"精"，就在于其思想精深、艺术精湛、制作精良。他提出，推动文艺繁荣发展，最根本的是要创作生产出无愧于我们这个伟大民族、伟大时代的优秀作品。文艺工作者应该牢记，创作是自己的中心任务，作品是自己的立身之本，要静下心来、精益求精搞创作，把最好的精神食粮奉献给人民。必须把创作生产优秀作品作为文艺工作的中心环节，努力创作生产更多传播当代中国价值观念、体现中华文化精神、反映中国人审美追求，思想性、艺术性、观赏性有机统一的优秀作品。习近平的讲话，为文化艺术工作者把最好的精神食粮奉献给人民进一步明确了道路。

✧ 二、文学艺术人才辈出

繁荣文艺创作，建设社会主义文化强国，队伍是基础，人才是关键。艺术家是文艺创作的主体，他们自身的道德水准与艺术修养，他们进行创作的社会环境和创作管理机制，将极大地影响到他们的文艺创作水平。在文学艺术创作呈现普遍繁荣的态势下，国家和人民都期待产生更多的具有思想深度和时代高度的、与伟大时代相称的、能够弘扬民族精神和时代精神的精品力作以及能够开创时代新风尚和艺术新境界的大师级人物。习近平在文艺工作座谈会上指出，繁荣文艺创作、推动文艺创新，必须有大批德艺双馨的文艺名家。我国作家、艺术家应该成为时代风气的先觉者、先行者、先倡者，通过更多有筋骨、有道德、有温度的文艺作品，书写和记录

▲ **2009 年 11 月 28 日大型民族歌剧《江姐》在人民大会堂上演** （新华社记者　王永卓/摄）

人民的伟大实践、时代的进步要求,彰显信仰之美、崇高之美。文艺工作者要自觉坚守艺术理想,不断提高学养、涵养、修养,加强思想积累、知识储备、文化修养、艺术训练,认真严肃地考虑作品的社会效果,讲品位,重艺德,为历史存正气,为世人弘美德,努力以高尚的职业操守、良好的社会形象、文质兼美的优秀作品赢得人民喜爱和欢迎。

文化主管部门十分重视引导艺术家提高自身学识和修养,坚持"二为"方向和"双百"方针,营造尊重、理解、包容、公平竞争的氛围。同时,努力构建鼓励文化创造的政策环境和人才工作机制,营造有利于人才脱颖而出的环境和机制,多渠道吸引和培养各类文化人才和文化活动积极分子,培养老中青艺术创作梯队的形成。

倡导广大文学艺术工作者以德艺双馨的标准要求自己。德艺双馨是对文艺工作者品格、成就、贡献和社会影响的最高评价。文以载道,以文化人。文艺工作者要把实现个人艺术追求和促进社会进步有机结合起来,以高超的技艺将丰富的思想境界呈现出来。树立人品重于文品、立德先于立言的观念,把思想修养作为修艺之本,追求积极的人生态度,培养健康向上的审美情趣。耐得住寂寞,在艺术上不断打磨,不断挖掘作品的主题,不断丰富作品的表现力,不断提升作品的艺术境界,使作品经得起历史和人民的检验。

2012年10月11日,瑞典文学院宣布,将2012年诺贝尔文学奖授予中国作家莫言。中国作协向莫言祝贺,在贺电中说:在几十年文学创作道路上,莫言对祖国怀有真挚情感,与人民大众保持紧密联系,潜心于艺术创新,取得了卓越成就。自20世纪80年代以来,莫言一直身处中国文学探索和创造的前沿,作品深深扎根于乡土，从生活中汲取艺术灵感，从中华民族百年来的命运和奋斗中汲取思想力量，以奔放独特的民族风格，有力地拓展了中国文学的想象空间、思想深度和艺术境界。莫言的作品深受国内外广大读者喜爱，在中国当代文学史上占有重要地位。莫言的获奖，表明国际文坛对中国当代文学及作家的深切关注，表明中国文学所具有的世界意义。希望中国作家继续勤奋笔耕，奉献更多精品力作，为人类的文化发展作出新的贡献！

在文学、戏剧、电影、电视、音乐、舞蹈、美术、摄影、书法、曲艺、杂技以及民间文艺、群众文艺等各领域，涌现出一大批优秀人才，老中青三代人薪火相传。他们一方面具有积极的创新意识和探索精神，继承传统但不固守窠臼，善于接纳和吸收外来的优秀文化成果，努力创造着当代中国文学艺术的独特面貌；另一方面，也具有强烈的社会责任感和文化使命感，能够自觉地将文学艺术实践与社会发展和时代进步结合起来，以优秀的作品奉献社会。

第二节　积极引导文艺创作

当今世界，文学艺术的发展与文化的整体发展一样，面对各种交错互动的局面，原有的审美价值标准和评价体系在开放性拓展的同时也出现了模糊和混乱，市场利益驱动也成为影响创作的重要因素，导致创作与批评领域中出现了商业化、低俗化倾向以及创作浮躁、批评缺失、标准模糊等种种现象。这些情况应该引起高度重视，并给予正确引导和及时纠偏。在当前和今后一个时期，要特别注意处理好文学艺术发展中的一些重大关系。

◇ 一、正确处理"主旋律"与"多样化"的关系

弘扬主旋律、提倡多样化，是坚持社会主义先进文化前进方向的内在要求。它与"二为"方向和"双百"方针从根本上讲是一致的，都是社会主义文化建设规律的客观反映。弘扬主旋律，必须始终坚持为人民服务、为社会主义服务的方向；提倡多样化，必须全面贯彻"百花齐放，百家争鸣"的方针。坚持"二为"方向，弘扬主旋律，是社会主义制度对文化建设提出的本质要求，是社会主义精神文明的具体体现，是社会主义文化必须担负的社会责任；贯彻"双百"方针，提倡多样化，是社会主义初级阶段的基本国情对文化建设提出的客观要求，是由人民群众日益增长的多样化、多层次、多方面的精神文化需求决定的，是社会主义文化繁荣发展的活力所在。这两个方面相辅相成、不可或缺，都统一于贴近实际、贴近生活、贴近群众的具体实践中。

习近平在 2013 年的全国宣传思想工作会议上强调："弘扬主旋律，传播正能量。"弘扬主旋律，社会思想就有了主心骨；传播正能量，社会发展就有了动力源。在文艺创作中，要大力积极倡导文学艺术家在实践中热情歌颂和深刻反映当今时代中国人民解放思想、实事求是、与时俱进、开拓创新的精神风貌，大力唱响在中国共产党领导下走中国特色社会主义道路、实现中华民族伟大复兴的时代主旋律。同时积极适应人们思想活动独立性、选择性、差异性不断增强，人民群众精神文化需求多方面、多层次、多样性特征日益凸显的新形势，以体现时代感、突出大众化、富有独创性的艺术

形式弘扬社会主义核心价值观。必须坚定不移地、真心实意地、不折不扣地贯彻执行"百花齐放，百家争鸣"的方针。在弘扬主旋律的前提下，充分地解放思想，破除限制，充分发扬学术民主、艺术民主，让一切文化创造源泉充分涌流。对于艺术探索中的错误和失败要多一些宽容和理解，相信文学艺术家们有勇气、有才华、有能力担当起历史和时代赋予的使命，能够在不断地探索和实践中开创文艺创作的新局面。

✧ 二、正确处理继承与创新的关系

继承是基础，创新是关键，必须善于把继承与创新有机统一起来。

继承是创新的根基。习近平在 2013 年全国宣传思想工作会议上指出："中华文化积淀着中华民族最深沉的精神追求，是中华民族生生不息、发展壮大的丰厚滋养；中华优秀传统文化是中华民族的突出优势，是我们最深厚的文化软实力；中国特色社会主义植根于中华文化沃土、反映中国人民意愿、适应中国和时代发展进步要求，有着深厚历史渊源和广泛现实基础。"探索当代中国文学艺术的发展之路，应该以丰厚的文化传统为基础，坚守中国艺术传统中蕴含的文化精神和思想精髓，以对民族、对历史、对后人高度负责的精神把传承民族优秀文化作为义不容辞的责任。那种打着"创新"的旗号，为了标新立异而数典忘祖、蔑视传统、一味丑化民族文化的做法，割裂了中国文学艺术发展内在的精神传承，是十分有害的。应该立足新的社会实践，按照取其精华、去其糟粕，古为今用、推陈出新的要求，坚持保护利用、普及弘扬并重，对传统进行科学梳理、精心萃取，深入挖掘和提炼有益的文化遗产，使之不断发扬光大，成为激发民族创造力和涵养民族精神的不竭源泉和推动当代创新的强大动力，在弘扬中华优秀传统文化的基础上创造中华文化新的辉煌。

创新是文化的本质特征。在当代中国，无论是适应建设创新型国家的战略需要，还是更好地满足人民群众多方面、多层次、多样性的精神文化需求，无论是在激烈的国际文化竞争中赢得主动，还是为人类文明进步作出新的更大贡献，都需要我们大力推进文化创新。应立足伟大实践，在投身火热现实生活中推进文化创新；植根历史文化，在继承优良传统中推进文化创新；着眼群众需求，在服务人民大众中推进文化创新；紧跟世界潮流，在吸收借鉴各国优秀文明成果中推进文化创新。

◇ 三、正确处理民族文化与外来文化的关系

习近平在 2013 年全国宣传思想工作会议上强调："对世界形势发展变化，对世界上出现的新事物新情况，对各国出现的新思想新观点新知识，我们要加强宣传报道，以利于积极借鉴人类文明创造的有益成果。要精心做好对外宣传工作，创新对外宣传方式，着力打造融通中外的新概念新范畴新表述，讲好中国故事，传播好中国声音。对我国传统文化，对国外的东西，要坚持古为今用、洋为中用，去粗取精、去伪存真，经过科学的扬弃后使之为我所用。"

广泛吸纳、融汇外来优秀文化成果，是推动中国文学艺术不断繁荣兴盛的必然要求。习近平在文艺工作座谈会上指出，中华优秀

传统文化是中华民族的精神命脉，是涵养社会主义核心价值观的重要源泉，也是我们在世界文化激荡中站稳脚跟的坚实根基。要结合新的时代条件传承和弘扬中华优秀传统文化，传承和弘扬中华美学精神。我们社会主义文艺要繁荣发展起来，必须认真学习借鉴世界各国人民创造的优秀文艺。只有坚持洋为中用、开拓创新，做到中西合璧、融会贯通，我国文艺才能更好发展繁荣起来。在今天经济全球化和我国对外开放不断扩大的情况下，我国的文学艺术家不仅以更加开放包容的心态面对各国文化的优秀成果，在吸收借鉴中不断丰富壮大中国文学艺术的发展格局，而且面对形形色色、优劣并存的外来文化，能做到辩证取舍，具有转化再造的能力，贵在以我为主、为我所用，重在实现中国化、本土化，将外来的艺术形式同我国的传统文化结合起来，创造出了一大批能够体现中国思想精神和审美趣味的，具有中华文化烙印的，表现中国气派、中国风格和时代精神的作品。

第三节　完善文艺作品评价体系和激励机制

文艺评奖是繁荣和发展文化艺术的重要手段。建立健全文化产品评价体系和激励机制，是激发活力、全面提高文化产品质量、创作生产更好更多文化精品的重要保障。

◇　一、建立科学完善的文艺作品评价体系

2011 年 10 月召开的十七届六中全会，通过《中共中央关于深

化文化体制改革推动社会主义文化大发展大繁荣若干重大问题的决定》指出："坚持把遵循社会主义先进文化前进方向、人民群众满意作为评价作品最高标准，把群众评价、专家评价和市场检验统一起来，形成科学的评价标准。"

文艺创作的目的是为了满足人民群众日益增长的精神文化需求。人民是文艺产品的创造者和享有者，文艺作品来源于人民，服务于人民。因此，人民群众是文艺产品的最终评判者，群众喜欢不喜欢、满意不满意、接受不接受、认可不认可，是评价文艺作品的重要标准。群众对文艺作品的评价方式，主要通过两种方式进行：一种方式是口碑。好的文艺作品，都是受到人民群众交口称赞的，是群众喜闻乐见的，能得到群众热心捧场的。另一种方式是通过市场消费方式进行。当群众自觉购买消费文化产品时，这从某种意义上证明了文艺作品受到欢迎，这就涉及文艺作品的市场检验。

通过市场评价文艺作品，需要借助客观的、量化的指标，如发行量、收视率、点击率、票房、参观场次等指标。在互联网时代，取得文化数据越来越便利，通过对这些大数据进行分析，可以检验到文艺作品在市场上受欢迎的程度。但是，这些指标不能够也不应当绝对化。因为，艺术作品是特殊的商品，既有市场属性，又有意识形态属性。文艺产品担负着引领风尚、教育人民、提升社会、推动发展的功能。在市场上，思想深刻的文艺作品较之轻松娱乐的产品，并不容易被选择，观众审美趣味需要引导和培养。因此，文艺理论与批评就显得重要起来。

要进一步加强文艺理论建设，开展积极健康的文艺批评，褒优贬劣，激浊扬清，以客观、真实、专业、独立的态度，对文艺作品进行评价。文艺批评要能够辨析思想、甄别美丑，给予艺术家中肯的专业意见，同时也能普及艺术知识，提高人民群众的鉴赏水平。要形成一支有专业性和权威性的文艺批评队伍，在全社会倡导正确的文艺批评导向，开展切中要害、积极有益的文艺批评，反对捧杀、棒杀，倡导言之有据的自由争论。学术期刊、艺术网站、新闻媒体等要加强对真正有艺术品位、有艺术质量、有创新精神的文艺作品的宣传，向社会推荐高水准的文艺作品，运用主流媒体、公共文化场所等资源，在资金、频道、版面、场地等方面为展演展映展播展览弘扬主流价值的精品力作提供条件。

中国文艺评论家协会就是在这样的背景下成立的。2014 年 5 月 30 日，该协会在京成立。协会提出，文艺评论之于文艺创作，既是"诤友"，也是"伯乐"；既是"啄木鸟"，也是"报喜鸟"；既是"苦口良药"，也是"阳光雨露"。文艺评论家协会将团结、凝聚、引导广大文艺评论工作者，树立起勇于担当社会责任、敢于直面问题、善于客观批评、勤于学习思辨的科学精神和专业精神；要旗帜鲜明地告诉人们什么是真善美，什么是假恶丑，什么是值得肯定和赞扬的，什么是必须反对和否定的。

✧ 二、完善文艺作品激励机制

文艺作品激励机制是指用各种有效措施激发文艺工作者的创作热情，发挥其积极性、主动性、创造性，使其朝着创作出更好更多符合社会主义文化发展方向的优秀作品而努力。

国家文化艺术评奖制度，是一个国家对艺术家的尊重，对他们创造成果的肯定，是一个国家对自身文化发展作出的展望，也是一个国家为推进文化发展建设作出的努力。一个时代，需要有反映时代精神、符合国家主流价值观的文艺精品，也需要有被时代认知的、与时代相符的优秀艺术家。宣传文化部门近年来积极探索改进评奖机制，精简评奖种类，遵循公开、公平、公正原则，不断提高权威性和公信度，发挥了很好的示范性、导向性、激励性作用。

"文华奖"是我国专业舞台艺术政府最高奖，文化部在第十四届"文华奖"的评审中减少了评审环节，将"文华奖"初评权下放到各地文化厅（局），改进完善评委组成办法，大幅增加地方推荐评委的比例，评选出的作品代表了近年来国家舞台表演艺术的实力和水平，受到社会各界的好评。优秀保留剧目大奖评选和巡演活动，是文化部改革和完善文艺评奖、促进我国舞台艺术繁

▲《长征组歌》演出现场　　　　　　　　　　　　　（新华社发　刘续/摄）

荣发展的另一项重要举措。目前，该活动已经进行了两届，初步形成了一年评选、一年巡演的机制，取得了良好的社会效益和经济效益。

ⓘ_案　例_

"这样的评奖标准我们会永远坚持"

"一等奖空缺。"这是 2012 年中国舞协第八届中国舞蹈"荷花奖"理论评论奖评选的最终结果。有关负责人的解释是："中国舞蹈'荷花奖'代表的是中国专业舞蹈艺术最高成就的专家奖，没有评委满意的作品宁愿空缺奖项，这样的评奖标准我们会永远坚持。"

设立专项艺术基金，支持创作、生产、收藏和推介优秀文化作品，是激励艺术创作的重要手段。必须深入研究财政资金支持艺术创作的投入方式、方法，杜绝不分主次、面面兼顾、没有重点的"补助"，不断完善专项资金监管方式，提高财政资金的使用效益。充分发挥基金的功能和作用，调动政府部门、社会等各方面力量，为社会资金资助艺术创作创造条件，促进各艺术门类良性发展。与此同时，必须完善艺术资助政策。鼓励企业个人投资、捐赠艺术事业，大力发展艺术基金会等新型社会组织，加强政策宣传，积极引导社会力量参与艺术建设事业。经国务院批准，2013 年 12 月"国家艺术基金"正式成立，这一基金旨在通过引入社会化、专业化资金管理机制，综合运用补贴、奖励、资助等扶持方式，并通过对资助对象的监督和绩效考评，督促被资助者不断提高资金使用效益，从而实现用尽可能少的财政投入生产出尽可能多的优质文化产品，同时推动政府职能转变。

■ 本章小结 ■ ··············

　　繁荣文艺创作生产，是建设社会主义文化强国的重要组成部分。要实现社会主义文艺创作的繁荣，就必须坚持正确的创作方向，坚持以人民为中心的工作导向。打造精品力作，推出优秀文艺作品，是实现文艺创作繁荣的重要途径。精品力作要求既有深刻思想内涵，又注重艺术表现形式，还要能体现时代性，具有创新性。完善的文艺作品评价体系和激励机制是繁荣文艺创作的重要保障，要不断改进文艺管理模式，探索建立科学的作品评价体系和激励机制。

✎ 思 考 题

1. 什么是正确的文艺创作方向？
2. 请谈谈你对文艺创新的思考。
3. 完善的文艺作品评价体系包括哪些内容？
4. 谈谈你对完善文艺作品激励机制的建议。

第 五 章

构建现代公共文化服务体系

构建现代公共文化服务体系，实现基本公共文化服务的标准化、均等化，是党的十八届三中全会部署的全面深化改革、推进文化体制机制创新的重点任务之一。把握现代公共文化服务体系的内涵与特点，了解现代公共文化服务体系的构成与要素，明确构建现代公共文化服务体系的重点任务，对在新的历史时期完成构建现代公共文化服务体系的时代任务具有重要意义。

第一节　现代公共文化服务体系的形成

20世纪末21世纪初，我国拉开了公共文化服务体系建设的序幕。经过十多年的发展，公共文化服务体系建设的理论探索和实践进展取得了重大成就。

◇ 一、公共文化服务体系的发展演变

公共文化服务，是指为保障公民基本文化权益，由政府主导、

社会力量参与提供的与经济社会发展水平相适应的各种文化设施、产品、活动和服务。2002 年，党的十六大把"人民的文化权益得到切实尊重和保障"纳入全面建设小康社会的目标，提出了国家支持和保障文化公益事业、坚持和完善支持文化公益事业发展的政策措施，被认为是拉开了新时期我国公共文化服务体系建设的序幕。2005 年，党的十六届五中全会正式提出了"逐步建成覆盖全社会的比较完备的公共文化服务体系"的目标，标志着我国公共文化服务体系建设驶入了快车道。2006 年，新中国第一个文化发展五年专项规划《"十一五"时期文化发展规划纲要》发布，提出要形成实用、便捷、高效的公共文化服务体系。2007 年 6 月，中共中央政治局专题研究公共文化服务体系建设，同年 8 月，中共中央办公厅、国务院办公厅发布《关于加强公共文化服务体系建设的若干意见》，对新时期公共文化服务体系建设的指导思想、发展目标、政策措施作出了全面部署。2007 年 11 月，党的十七大把"基本建立覆盖全社会的公共文化服务体系"纳入实现全面建成小康社会奋斗目标的新要求。2011 年，党的十七届六中全会作出建设社会主义文化强国的战略部署，提出到 2020 年之前实现文化事业全面繁荣，覆盖全社会的公共文化服务体系基本建立，努力实现基本公共文化服务均等化的奋斗目标。2012 年，党的十八大对扎实推进社会主义文化强国建设作出部署，针对公共文化服务体系建设，提出了完善服务体系、提高服务效能的新要求。

近年来，我国公共文化服务体系建设快速发展，在理论研究、政策创新和制度建设方面取得了令人瞩目的成果，主要表现在以下几个方面。

第一，厘清了文化事业和文化产业在经济社会发展中的功能和作用。公益性文化事业以保障人民群众基本文化权益、满足基本文化需求为目标，是社会主义文化建设的基本任务，政府是公共文化服务提供的责任主体；经营性文化产业是社会主义市场经济的组成部分，是满足人民群众多样化文化需求的重要途径，和其他产业形态一样，市场在资源配置中发挥决定性作用。文化事业和文化产业两轮驱动、两翼齐飞，促进社会主义文化大发展、大繁荣。

　　第二，明确了公共文化服务的任务、特点，形成了公共文化服务体系建设的基本政策。构建覆盖城乡、结构合理、功能健全、实用高效的公共文化服务体系，加强公共文化服务，是实现人民群众基本文化权益的主要途径。2005 年以来，我国逐渐形成了公共文化服务体系建设的基本政策，就是要以政府为主导，以公共财政为支撑，以公益性文化事业单位为骨干，以全体人民为服务对象，以农村、基层为重点，鼓励全社会积极参与公共文化服务体系建设。在目前阶段，我国公共文化服务的主要任务，是保障人民群众听广播、看电视、读书、看报、参加公共文化活动、进行公共文化鉴赏等基本文化权益的实现。公益性、基本性、均等性、便利性，是公共文化服务的突出特点，其中均等是核心，基本是尺度，公益是保障，便利是前提。

　　第三，公共文化服务体系建设取得了丰硕的实践成果。一是公共文化投入不断增加，覆盖城乡的公共文化服务网络初步建立。据初步统计，"十二五"时期前三年全国文化事业费已达 1400 亿，已超出"十一五"时期五年的全国文化事业费（1220 亿）。自 2008 年博物馆等公共文化设施免费开放以来，中央财政累计投入近 200 亿支持公共文化设施免费开放。在设施方面，基本实现了"县有公共图书馆、文化馆，乡有综合文化站"的建设目标，初步建立了覆盖城乡的公共文化服务网络。二是实施重大文化惠民工程，公共文化服务能力不断提高。近年来，国家实施了广播电视村村通工程、全国文化信息资源共享工程、数字图书馆推广工程、公共电子阅览室建设计划、农村数字电影放映、西新工程、春雨工程——文化志愿者边疆行、送书下乡工程、流动舞台车工程、基层文化队伍培训项目等一系列重大文化惠民工程。特别是文化部联合财政部通过实施公共文化设施免费开放工作，实现了全国46000多所"三馆一站"免费开放设施空间场地、免费提供基本服务，有效提升了基层公共文化服务能力。三是创新公共文化服务方式，公共文化服务效能稳步提升。2011年，文化部和财政部共同启动了国家公共文化服务体系示范区创建工作，推动各地深化改革，为构建公共文化服务体系积累经验。比如，在服务主体方面，上海等地探索实施公共文化服务政府采购

▲ 文化志愿者表演节目

（新华社发　普布扎西／摄）

制度，委托市场、社会力量提供公共文化服务；在服务平台方面，深圳自主研发"城市街区24小时自助图书馆系统"，使市民便利享受图书服务；在服务手段方面，辽宁省依托广播电视"村村通"网络，实现文化共享工程进村入户；在资源整合方面，浙江、广东、天津、吉林等地探索推进基层文化设施共建共享，积极发展流动文化设施，使群众能够就近、便捷地享受公共文化服务。四是加强针对特定地区和特殊群体的公共文化产品供给，公共文化服务均等化水平显著提高。各地通过组织开展"春雨工程"——文化志愿者边疆行活动，促进内地对边疆省份的文化援助和交流。通过建设少儿图书馆、盲人图书馆，实施"中国少儿歌曲创作推广计划"，组织"中国老年合唱节"和"中国少儿合唱节"，保障老年人、少年儿童和残疾人等特殊群体的文化权益。按照"政府主导、企业共建、社会参与"的原则，加强农民工文化建设，更好地保障农民工群体文化权益。

ⓘ _案 例_

"史家大院——农家书屋"

2010年，河北省乐亭县汤家河镇史庄村"史家大院——农家书屋"进入中宣部、文化部、广电总局、新闻出版总署的全国服务农民服务基层文化建设先进集体表彰名单，荣获"农家书屋"先进单位称号，这在河北省独此一家。史秉材是史庄村一个地地道道的农民，他的"史家大院"在省内外小有名气，他吸引乡邻来书屋的口号是"学习科技学文化，帮助农民把财发"。如今，史秉材创办的

"农家书屋"已培训史庄与周边各村农民达千人，推广高新农业科技项目几十个，解决各种技术难题一百多个，受到了当地农民的欢迎。

公共文化服务体系建设的保障机制进一步完善。在组织保障方面，党的十七届六中全会明确要求，各级党委和政府要切实担负起推进文化改革发展的政治责任，把文化建设摆在全局工作的重要位置，纳入经济社会发展总体规划；把文化改革发展成效纳入科学发展考核评价体系；把文化建设的内容纳入干部培训计划和各级党校、行政学院、干部学院教学体系。在经费保障方面，明确提出三条要求：一是把主要公共文化产品、服务项目、活动纳入公共财政经常性支出预算；二是保证公共财政对文化建设投入的增长幅度高于经常性财政收入增长幅度；三是提高文化支出占财政支出的比重，公共文化服务体系建设的经费保障机制逐步走向具体化、刚性化。在人才保障方面，确立了社会主义文化大发展大繁荣队伍是基础、人才是关键的理念，提出打造三支队伍的文化人才战略：一是高层次的领军人才队伍；二是高素质的专业技术文化队伍；三是规模宏大、结构合理的基层文化人才队伍。

✧ 二、现代公共文化服务体系的内涵与特点

当今世界，伴随着政治多极化、经济全球化、科学技术日新月异，文化建设和发展理念在走向现代化。文化民生、文化权利、文化善治、普遍均等、公平正义等现代理念与思想融入文化建设实践，改变了文化建设的内容、要素、结构和实现方式。党的十八届

三中全会在部署全面深化改革、推进文化体制机制创新时，提出构建现代公共文化服务体系的时代任务，这是世纪之交以来我国公共文化服务体系建设顺应时代发展的必然结果。

现代公共文化服务体系是具有时代性、创新性和开放性的公共文化服务理念思想、组织体制、运行机制、政策体系、服务系统、传播方式的统称。现代公共文化服务体系的价值目标，是崇尚现代文明，弘扬主流观念，引领时代风尚，传承优秀文化。在当代中国，紧紧围绕建设社会主义核心价值体系、社会主义文化强国，就是现代公共文化服务体系价值目标中国特色的体现。现代公共文化服务体系的体制机制，强调形成政府、社会、市场之间的良性互动关系，建立起多元共治的现代治理结构，激发所有利益相关方的创造活力和参与热情，让体制机制释放出解放生产力、激发创造活力、促进事业发展的巨大能量。现代公共文化服务体系的服务系统和传播方式，强调以人民群众的需求为出发点和落脚点，以体系化的内容建设、服务供给满足人民群众多样化的基本文化需求，在传统服务方式的基础上，强化依托现代信息技术的现代传播体系建设。政策体系是现代公共文化服务体系的制度支撑。现代公共文化服务体系从本质上说，就是现代社会公共文化服务的制度安排、制度建设，形成框架完整、内容健全、运行有效的现代公共文化服务制度体系，是现代公共文化服务体系持续、公平、效率、规范发展的根本保障。全面深化改革的总目标是推进国家治理体系和治理能力的现代化。治理体系和治理能力必然包括文化体系和文化能力，因此，现代公共文化服务体系是现代化的国家治理体系的组成部分，是现代化的国家治理能力的必备要素。

以现代治理理念推动现代公共文化服务体系建设，在实践中应把握的基本原则、体现的主要特点是以下六个方面：

第一，公共文化服务体系建设是文化强国战略的基础工程。在文化强国建设的总体格局中，以满足人民群众基本文化需求为己任的公共文化，是社会主义文化建设的基本任务。党的十八届三中全会部署的全面深化文化体制改革，要求紧紧围绕建设社会主义核心价值体系、社会主义文化强国来展开。因此，加强公共文化建设是文化强国战略基础工程的治理理念，以改革创新的思路、途径、方法夯实文化大厦的公共文化基础，是现代公共文化服务体系鲜明的中国特色。

第二，公共文化服务纳入基本公共服务。《国家基本公共服务体系"十二五"规划》提出了我国目前纳入基本公共服务的领域范围，公共文化位列其中。把公共文化纳入基本公共服务，从理论上回答了公共文化应由政府主导、公共财政支持的合理性与合法性，奠定了公共文化由政府主导的理论基础。把公共文化服务作为制度化产品提供给老百姓，这是现代公共文化服务体系的又一鲜明特点。

第三，政府主导，政事分开。现代公共文化服务体系强调政府主导，但政府主导不是政府包办，政府要由"办文化"向"管文化"转变，政府提供公共文化服务的方式主要通过向社会组织购买的形式实现，让市场手段在资源配置、服务提供上发挥更大的作用。对于文化事业单位来说，要通过建立法人治理结构，形成独立运行、具有内生动力的公共文化服务提供者。正确处理好政府、社会、市场三者的关系，政府既不推卸主导责任，又不包办具体事务，这是现代公共文化服务体系的内在要求。

第四，以人民为中心的工作导向。首先要强调公共文化服务以人民群众的需求为出发点和落脚点，以公共财政的支撑能力为尺度，真正实现资源配置、服务提供与老百姓实际需求的有效对接。其次，公共文化服务实践要充分发挥人民群众的文化创造力，为人民群众的自我表现、自我服务、自我教育创造环境，提供条件，实现全社会文化创造活力竞相迸发、充分涌流。

第五，推动公共文化服务社会化发展。社会化发展首先是坚持和完善引导、鼓励社会力量、社会资本参与公共文化服务体系建设的方针政策。同时，一个新的战略性任务是培育文化非营利组织，这是现代公共文化服务体系多元共治理念的具体体现，是现代社会公共文化服务提供主体多元化的必然要求，是实现服务型政府更多地以市场手段配置资源、提供服务的必然要求。培育文化非营利组织最重要的是各级政府管理的公共文化资金、项目、服务向所有社会组织开放。

第六，完善现代传播体系。现代信息技术的发展改变了人们的思维模式、行为方式和生活习惯。公共文化服务必须采用现代传播手段，才能与人们特别是年轻一代的接受方式、接受习惯、接受条件相适应。现代传播体系的总要求是：技术先进、传输快捷、覆盖广泛。就公共文化服务机构来说，必须具有数字资源提供能力和远程服务能力，营造出数字化服务环境和条件；就公共文化服务体系建设来说，必须建立以数字化促进全覆盖、促进均等化的指导思想。

第二节 现代公共文化服务体系的基本构成

我国公共文化服务体系建设在实践中形成了设施网络覆盖、产品生产和服务供给、资金人才技术保障、组织支撑和评估五大子系统。现代公共文化服务体系继承和发展业已形成的公共文化服务内容、范围和基本要素，针对进一步提升我国公共文化服务体系建设水平的重点方面和关键问题，作出新的探索，建立新的制度，谋求新的发展。

◇ 一、持续稳定的公共文化服务经费保障机制

公共财政支持是公共文化服务政府主导的重要标志，公共文化服务设施免费开放是公共财政支持的重要体现。免费开放政策的实施，解决了我国公共文化服务中几个关键性问题：第一，与公共文化服务保障公众基本权益、满足公众基本需求的目标相适应，界定了目前阶段我国基本公共文化服务的内容和范围，划分了政府和市场在公共文化服务中作用的范围和边界；第二，朝着逐步厘清各级政府在公共文化服务中的事权责任和支付责任的方向迈进，为建立中央财政和地方财政合理分担的公共文化服务体系建设和运行经费保障机制奠定了基础；第三，以落实基本服务保障经费为基础，逐步解决我国公共文化服务机构长期存在的设施出租和挪用现象，实现公共资源回归公共；第四，引导公共文化服务机构把主要精力用于开展基本公共服务，健全服务项目，提升服务能力，提高服务质量，改善服务效益。

进一步落实和推进免费开放政策的着力点在两个方面：首先是现行免费开放政策的完善。总结和研究免费开放政策在实施过程中出现的新问题、新情况，调整和完善政策，以增强政策的针对性、适用性、彰显政策效益。其次是免费开放政策的进一步拓展——向文化行政部门归口管理之外的更广泛的公共文化服务设施拓展，如

工人文化宫、青少年宫、妇女儿童活动中心、科技馆、纪念馆、爱国主义教育示范基地等。

❖ 二、覆盖城乡的公共文化服务设施网络体系

设施网络体系是公共文化服务体系的基础。经过长期的持续努力，目前我国覆盖城乡的公共文化服务设施体系框架初步形成。但是，有设施而形不成设施网络或设施网络不健全的"设施孤岛"现象还比较突出。因此，在公共图书馆、文化馆等公共文化服务设施的规划和建设中，落实现行"建设用地指标"和"建设标准"中有关服务半径、覆盖面积、建设规模的规定，使公共文化设施从较高的设置率走向较高的覆盖率，这是未来公共文化设施建设的重点任务，也是实现公共文化服务普遍均等、实用高效的必然要求。在国家和文化部的"十二五"文化改革发展规划中，规划了新建、改扩建一批地市级公共图书馆、文化馆、博物馆以及加强边疆民族地区文化设施建设项目，提出了加强社区公共文化服务设施建设，把社区文化中心建设纳入城乡规划和设计的任务，提出了完善面向未成年人、残疾人等特殊人群的公共文化服务设施的任务，还提出了推动跨部门合作、统筹规划和建设基层公共文化服务设施的任务，这些都是让设施建设逐步走向网络化、体系化的重要举措。一个时期以来，许多地方的"文化强省""文化强市"战略都提出了构建城市"十分钟文化圈""十五分钟文化圈"、农村"十里地文化圈"一类构想，表明改变目前较为普遍存在的"一级政府办一个图书馆、文化馆""一个城市只有一所图书馆、文化馆"的"设施孤岛"现象，正在变成各级政府的自觉意志和自觉行动。

❖ 三、丰富多样的公共文化产品和服务供给

满足人民群众的基本文化需求，是公共文化服务的出发点和落脚点；提供内容丰富、形式多样、健康向上、品质优良的基本公共文化产品和服务，是满足人民群众基本文化需求的主要途径。公共文化服务机构提供的产品和服务，在内容上应切实落实以构建社会主义核心价值体系为根本任务，成为传播主旋律的主阵地，为全体人民坚定共同理想信念，弘扬民族精神和时代精神，树立正确的价值观、道德观和荣辱观作出贡献；在应对各种思想文化交流、交融、交锋更加频繁的新形势中发挥作用。在产品和服务的提供方式上，政府主导不等于政府包办，未来应重点探索和实践以政府采购、项目补贴、定向资助、贷款贴息、税收减免等政策措施吸引和鼓励全社会参与的实现方式，充分发挥市场手段在公共文化资源配置、服务提供上的作用。

❖ 四、城乡文化一体化发展

加快城乡文化一体化发展，对推进社会主义新农村建设、以人为本的城镇化建设、形成城乡经济社会发展一体化新格局具有重要意义。目前阶段，加快城乡文化一体化发展的首要任务，是增加农村文化资源和服务总量。国家重大文化惠民工程的"扩大范围、消除盲点"发展方针，中央、省、市三级设立农村文化建设专项资金，把支持农村文化建设作为创建文明城市的基本指标以及公共文化设施建设、资源配置和服务提供向农村倾斜等措施和政策，都是着眼于做大农村文化的蛋糕。没有农村文化资源和服务总量的大幅度

▲ 志愿者在给小学生上音乐欣赏课并演奏小提琴　　　　　　　（新华社发　侯智／摄）

增加，就没有城乡文化的一体化。

　　加快城乡文化一体化发展的另一重要任务，是尽快把农民工纳入城市公共文化服务体系。2011 年 9 月，文化部、人力资源和社会保障部、中华全国总工会联合下发了《关于进一步加强农民工文化工作的意见》，提出了政府主导、企业共建、社会参与的农民工文化工作机制，明确了常住地政府是农民工文化服务的责任主体，公益性文化事业单位是农民工文化服务的骨干力量，城市社区和用工企业是农民工文化服务主要阵地的农民工文化工作原则，把农民工纳入城市公共文化服务体系的总体思路已经清晰。目前需要探索和实践农民工文化服务从形式到内容的需求特点、载体特点、服务特点，以及实现方式和保障条件，增强农民工文化服务的针对性和有效性，真正通过文化融入解决农民工的城市融入、社会融入问题。

◇ 五、规模宏大、结构合理的公共文化服务人才队伍

公共文化服务人才队伍是公共文化服务体系建设的基础力量。进一步加强公共文化服务人才队伍建设，首先是完善机构编制、学习培训方面的政策措施。管好用好基层公共文化服务设施，需要按照党的十七届六中全会通过的《中共中央关于深化文化体制改革推动社会主义文化大发展大繁荣若干重大问题的决定》《国家"十二五"文化改革发展规划纲要》以及中央六部委《关于加强地方县级和城乡宣传文化队伍建设的若干意见》的要求，配齐乡镇综合文化站专职人员，开发并设立城乡基层公共文化服务岗位，配置公共财政补贴的村、社区公共文化服务组织和管理人员。公共文化服务队伍的学习培训，按照文化部的部署，"十二五"期间通过分级培训、分类实施的方式，对全国25万县乡专职文化队伍和360多万业余文化队伍进行系统培训，并以这一工作为抓手，建立覆盖全国的基层文化队伍培训基地和远程培训服务平台，编辑出版系列教材，形成一支稳定的高水平的师资队伍，健全培训考核评估与督查制度，使培训工作走上制度化、规范化道路，使基层公共文化从业人员的职业道德、职业素养和专业技能稳步提高。

造就一批高层次的基层公共文化服务领军人物，形成事业发展

的中坚力量，对全面提升我国公共文化服务体系建设水平至关重要。在推进公共文化服务体系建设进程中，基层公共文化服务领军人物遴选、任用的科学化、制度化、规范化、职业化，应成为完善人才队伍建设的突破口；培养一批基层公共文化服务领军人物，应纳入"十二五"期间国家规划的"'四个一批'人才培养工程"之中。没有一批全面了解国家公共文化方针政策、深切理解现代公共文化服务思想理念、高素质与职业化的基层公共文化服务领军人物，公共文化服务体系就不会有持续稳定的繁荣发展。

第三节　构建现代公共文化服务体系的重点任务

党的十八届三中全会着眼于完善和发展中国特色社会主义制度、推进国家治理体系和治理能力现代化，对加快发展社会主义先进文化、推进文化体制机制创新作出了全面部署。建立公共文化服务体系建设协调机制、促进基本公共文化服务标准化与均等化、推动公共文化服务社会化发展、建立文化事业单位法人治理结构等任务，就是构建现代公共文化服务体系应着力推进、重点突破的任务。

◇　一、建立公共文化服务体系建设协调机制

构建现代公共文化服务体系，第一个重要任务就是建立协调机制，目的是实现资源的共建共享，体现了以全面深化体制机制改革

为突破口推动现代公共文化服务体系建设的思想。建立协调机制有两大重点任务：一是统筹服务设施网络建设；二是整合基层宣传文化、党员教育、科学普及、体育健身等设施，建设综合性文化服务中心。我国的公共文化服务设施目前分散在各个领域、各个系统，如工会系统有工人文化宫，共青团系统有青少年宫，妇联系统有妇女儿童活动中心，科协系统有科技馆，教育系统有中小学课外活动基地等。这些都与公共文化密切相关。但目前是各自为政，分别管理，形不成合力，优势就被减弱了。把它们纳入公共文化服务体系，就是设施网络的统筹整合。在基层，已经出现了一些建立协调机制、统筹整合设施和资源的实践探索。像公共数字文化服务，广播电视村村通、文化信息资源共享工程、数字图书馆推广工程、公共电子阅览室建设计划，需要探索和实践加强资源整合，推动融合发展的有效方式。

ⓘ _案 例_

村级公共服务中心

广西来宾市是 2002 年新成立的一个地级市，全市辖四县一区一市，其中两个县是国家贫困县，世居民族以壮族为主，基础薄弱，经济欠发达，但农村群众有爱打篮球、爱看戏的传统，体育文化需求迫切。从 2008 年 11 月开始，来宾市通过创新实施"求乐、求知、求技"文化惠农工程，积极推进村级公共服务中心建设，在全市每一个行政村集中建一个文艺舞台、一个灯光篮球场、一栋公共服务中心综合楼。同时，各行政村组建一支农民文艺队、一支农民篮球队。现在是天天有活动，周周有比赛，日日有欢笑，夜夜有歌声，过去那种"早晨起床听鸡叫，白天劳动听鸟叫，晚上在家听狗叫"的状况得到了改变。

✧ 二、促进基本公共文化服务标准化、均等化

公共文化服务以全体人民为服务对象，目标是让人民群众广泛享有免费的或优惠的基本公共文化服务，让公共文化的阳光普照到每一个人。因此，均等化是公共文化服务最核心的理念、最显著的特点。

公共文化服务均等化的含义，是指政府要为社会公众提供基本的、与经济社会发展水平和群众需求相适应的、大致均等的公共文化产品和服务。正确理解均等化，需要厘清两方面的问题。首先，均等化的内容、范围具有相对性。从供给内容上看，是指基本公共文化服务的均等供给，不是所有文化服务的均等供给；从供给的数量和质量上看，强调以满足群众需求为目的和以公共财政支撑能力为尺度的统一；从实现范围上看，由于经济社会发展水平的地域差异长期存在，大致均等的公共文化服务同样具有地域差异。其次，均等化是指机会均等、起点均等，不是结果平均。政府的责任，是通过均等化的制度安排，保障全体社会成员有公平、均等地享受公共文化服务的机会和条件，通过机会均等保证起点公平。但是，文化消费是选择性消费，"萝卜白菜各有所爱"，均等化不是指每一个社会成员最终享受的公共文化服务的平均化，均等化不排斥文化享

有的多元选择和自由选择。

群众文化需求的无限性和政府责任与公共财政支撑能力的有限性是一对矛盾。如何把实现公共文化服务均等化变为各级政府的自觉行动，需要有制度化的约束，明确具体的标准，让各级政府知道目前阶段的公共文化服务均等化应该提供什么，提供到什么程度，这就是公共文化服务的标准化。标准化通过制定、发布和实施一系

▲ 农民在文化节上扭秧歌

（新华社发　许畅／摄）

列具有约束性的公共文化服务标准来实现；标准化的目的，是追求公共文化服务的最佳秩序和最佳效能。党的十八届三中全会提出促进基本公共文化服务标准化、均等化，真正的含义是以公共文化服务的标准化促进均等化。标准化是手段，均等化是目的，因为标准化是均等化的基础和前提，离开了标准化，均等化就没有尺度，没有约束，没有衡量准则，也就没有真正的均等化。

公共文化服务标准化体系主要包括三方面的标准：一是保障标准，主要指体现各级政府保障责任和义务的"底线标准"；二是业务和技术标准，主要指有关公共文化服务设施建设、业务管理、服务规范、技术应用等方面的标准；三是评价标准，主要指针对各级政府、公共文化服务机构、项目、活动等的评价标准。我国公共文化服务标准化建设已经有了一定基础，成果集中在业务和技术标准、评价标准两方面，与均等化关系密切的保障标准是薄弱环节。

研究制定公共文化服务保障标准，是促进公共文化服务标准化、均等化的基础性工作。参照义务教育、基本医疗等做法，研究提出基本公共文化服务标准，提出基本公共文化服务的范围、内容、种类、程度，各级政府的保障支出责任等，作为国家公共文化服务的"底线标准"或均等化标准。东部或发达地区可参照"底线标准"制定更高的地方标准，中西部或欠发达地区不能达到"底线标准"的，由中央财政转移支付解决。完善群众需求反馈机制和服务公示制度，各地根据国家制定的服务内容和数量标准，结合当地实际提供相应的"公共文化服务包"。加快公共文化机构建设、管理和服务标准的制定，针对公共数字文化服务等新的服务方式研究制定相关标准。加强对标准规范的宣传贯彻，强化对地方政府和公共文化机构的监督检查。

✧ 三、推动公共文化服务社会化发展

创新财政投入方式，优化政府公共文化支出结构和资助方式。在政府加大对公益性文化事业投入的前提下，探索将财政投入以直接拨款为主转为购买服务、项目补贴、以奖代补、基金制等多种方式。对社会资本投资具有重大社会效益和经济效益的文化项目，采用陪同投入的方式，政府按一定比例进行陪同投入。

落实国家有关公益性文化捐赠减免税方面的有关政策法规，尽快制定与《公益事业捐赠法》相配套的管理办法或条例，明确规定对捐赠人和捐赠单位的免税或奖励办法，鼓励社会力量以捐赠的方式参与公共文化服务体系建设。

鼓励和扶持民间资本进入公共文化服务领域。对进入门槛较低的项目，逐步向民营企业和民间组织开放，鼓励支持其参与；对兼具公益和经营特点、进入门槛较高的项目，可采取公办民办并举的模式；对需要扶持或不具备投资吸引力的项目，政府部门提供服务并加强保障。

促进各种民间文化艺术团体、文化行业协会、文化基金会等的发展，鼓励成立文化基金会，培育文化非营利组织，增加公益性和准公益性的社会文化服务机构，适当扩展其发展规模。

建立公共文化服务政府采购目录，支持民营文化企业的产品和服务进入采购目录，逐步做到凡适合面向市场的基本公共文化产品和服务，都从市场招标购买。通过这些措施，逐步建立公共文化服务政府、市场、社会的良性互动机制，使公共文化服务从文化系统"内循环"逐步转为面向社会的"大循环"。

✧ 四、建立文化事业单位法人治理结构

文化事业单位法人治理结构，是指提供公益服务的文化事业单位，以依法独立运行、实现单位宗旨为目标，由利益相关方共同参与治理的组织架构和运行机制。其核心要点：一是强调决策、执行、监督三权相对分离、相互制约又相互促进；二是强调公共文化事业单位的运行、管理实现章程化，即"依法运行"。

公益性文化事业单位的法人治理结构与公司、企业的法人治理结构有区别，也有联系。公益性文化事业单位的法人治理结构理念就是从公司法人治理结构借鉴过来的，其基本原理一致，区别在于事业单位具有公益属性，组织使命是提供公益服务，弱化出资者角色，更强调利益相关方的共同治理；而公司具有财产属性，组织使命是获取利润，强调的是依出资比例分配收益，彰显所有者权益。

理事会是法人治理结构中决策层的组织形式。理事会由政府有关部门、主办单位即建设主体、事业单位、服务对象和其他有关方面的代表组成。主办单位的代表由政府委派；公益性文化事业单位的代表如馆长、副馆长是当然理事；利益相关方的代表、推举产生。在理事会中，理事长由主办单位的领导人担任。以上是理事会的基本架构。

在法人治理结构中，除了理事会还有一个管理层，是理事会的执行机构。在法人治理结构下，馆长是管理层的核心。馆长由理事会任命或者提名，并按照人事管理权限报有关部门备案或批准。管理层对理事会负责，按照理事会决议独立自主履行日常业务管理、财务资产管理和一般人员管理等职责，定期向理事会报告工作。

此外，理事会制度还强调运营、管理要章程化。任何一个实行

法人治理的机构都要有章程，规定理事会和管理层的关系；理事会的产生、职责、议事制度；管理层的职责和产生方式，建立公共文化服务机构年度报告制度、信息披露制度、公众监督制度等。理事会的决策、管理层的管理要靠章程去制约，所以章程是法人治理结构的制度载体，是理事会、管理层的运行规则，是有关部门对单位进行监管的重要依据。

▌ 本章小结 ▌ ⋯⋯⋯⋯⋯

　　经过十多年的发展，我国公共文化服务体系建设取得丰硕成果。构建现代公共文化服务体系应把握的基本原则是：公共文化是文化强国战略的基础工程；公共文化纳入基本公共服务；政府主导，政事分开；以人民为中心的工作导向；推动公共文化服务社会化发展；完善现代传播体系。现代公共文化服务体系基本构成包括：持续稳定的经费保障机制；覆盖城乡的设施网络体系；丰富多样的产品和服务供给；城乡文化一体化发展；规模宏大、结构合理的人才队伍。由此形成了构建现代公共文化服务体系的一系列重点任务。

名 词 解 释

　　公共文化服务：公共文化服务是指为保障公民基本文化权益，由政府主导、社会力量参与提供的各种公共文化设施、产品、活动和服务。这一界定包括三要素：公共文化服务的目标，是保障公民基本文化权益，满足公民基本文化需求；提供公共文化服务的责任主体是政府，社会力量在政府主导的框架内积极参与；公共文化服务的提供内容，包括各类设施、产品、活动和服务。其特点是体现公益性、基本性、均等性和便利性。均等是核心，基本是尺度，公益是保障，便利是前提。

公共文化服务体系：公共文化服务体系是公共文化服务理念思想、组织体制、运行机制、政策体系、服务系统、传播方式的统称，是政府和社会力量向公民提供基本公共文化服务的制度安排。建设内容主要包括设施网络覆盖体系、产品生产和服务供给体系、资金人才技术保障体系、组织支撑体系和评估体系五大子系统。建设目标是覆盖城乡、结构合理、功能健全、实用高效。现行基本政策是：政府主导，公共财政支撑，公益性文化事业单位为骨干，以全体人民为服务对象，以农村基层为重点，鼓励全社会参与。

现代公共文化服务体系：现代公共文化服务体系是公共文化服务体系的继承和发展。所谓继承，是说现代公共文化服务体系植根于我国十多年来公共文化服务体系建设理论和实践成就的基础之上；所谓发展，是说现代公共文化服务体系更强调时代性、创新性和开放性。党的十八届三中全会把构建现代公共文化服务体系纳入全面深化改革、推动文化体制机制创新的总体格局之中。目前阶段，构建现代公共文化服务体系的重点任务主要包括：建立公共文化服务体系建设协调机制；促进基本公共文化服务标准化、均等化；推动公共文化服务社会化发展；加快公共数字文化发展；文化事业单位建立法人治理结构，创新管理体制和运行机制等。

思 考 题

1. 我国公共文化服务的任务、特点和现行政策是什么？

2. 怎样理解现代公共文化服务体系及其特点？

3. 重点思考公共文化协调机制、标准化和均等化、社会化发展及法人治理结构的意义、内容和实现方式。

第 六 章

建立健全现代文化市场体系

繁荣文化市场，发展文化产业，是满足人民群众多样化文化需求的保证。党的十八届三中全会通过的《中共中央关于全面深化改革若干重大问题的决定》将建立健全现代文化市场体系作为推进文化体制机制创新的重要措施，提出完善文化市场准入和退出机制，鼓励各类文化市场主体公平竞争、优胜劣汰，促进文化资源在全国范围内流动。继续推进国有经营性文化单位转企改制，加快公司制、股份制改造。对按规定转制的重要国有传媒企业探索实行特殊管理股制度。推动文化企业跨地区、跨行业、跨所有制兼并重组，提高文化产业规模化、集约化、专业化水平。

第一节　大力培育文化市场

新世纪以来，文化市场日益繁荣，成为人民群众文化消费主渠道。文化市场主体得到快速培育，市场结构不断优化，市场规模不断扩大，文化产业迅猛崛起，在国民经济中的地位不断提升。文化与科技的深度融合，有力促进了文化产业的发展和文化市场的健全。

✧ 一、我国文化市场体系初具规模

文化市场，是指按价值规律进行文化艺术产品交换和提供有偿文化服务活动的场所，是文化艺术产品生产和消费的中介。在我国，文化市场可以划分为娱乐市场、演出市场、艺术品市场、网络文化市场、电影市场、音像市场、书报刊市场、文物市场等多种类型。

改革开放以来，随着经济社会的快速发展，我国文化市场大致经历了三个发展阶段，改变了我国原有的文化发展理念和模式，推动了我国文化生产、分配、流通与消费方式的重大变革。1978 年年底，随着改革开放的时代潮流，文化市场应运而生，流行音乐、营业性舞会、录像放映等开始出现。这一阶段文化娱乐与文化消费市场初步形成。20 世纪 90 年代，我国经济进入调整期，文化市场无论从数量、规模、档次、品位都产生了质的飞跃。文化市场门类基本齐全，市场体系雏形初现，现代文化产业开始兴起，文化市场法规体系初步建立。21 世纪以来，以加入世贸组织为标志，我国文化市场进一步融入国际文化大舞台，文化市场准入放宽，审批手续进一步简化，市场主体日趋多元，民营资本蓬勃发展，市场环境逐步规范，流通方式向连锁化、规范化、集团化发展。

随着高新技术快速发展，文化市场分流为传统文化市场和新兴文化市场。

传统市场在转型中发展。市场主体、经营模式多样化，跨界融合求创新，使传统行业焕发出新的生机与活力。

电影市场强劲崛起。据国家新闻出版广电总局电影局公布的数据，2013 年中国电影票房首次突破 200 亿元。借助电影终端院线的大力开发，中国电影经历着爆发式的增长。

出版物市场持续稳步增长。截至 2012 年年底，全行业实现销售总额 3286 亿元，比 2011 年增长 12.3%，高于同期全国图书出版定价总金额增长速度（11.32%）。

演出市场总量显著增长。2013 年，全国演出市场规模达 463 亿元。演出与旅游、网络、动漫等领域跨界融合趋势日益明显，演艺集聚区建设出现热潮，演出市场国际化趋势开始显现，演出院线发展初成规模。

娱乐市场规范发展。歌舞娱乐场所中"量贩式"KTV 广受中低收入消费群体青睐，游艺娱乐场所经历 21 世纪初的大规模萧条后，在逆境中转型升级，市场主体逐步规范，市场结构明显优化，行业形象显著提升。截至 2013 年，全国共有歌舞娱乐场所 5.1 万家，游戏游艺娱乐场所 3.6 万家，市场规模 690 亿元。娱乐场所转型升级蔚然成风，大众型消费场所成为市场主流。

艺术品市场发展迅猛。2012 年我国艺术品市场交易总额为 1784 亿元，位居世界第二。艺术品市场的快速发展带动了社会资本及普通民众参与艺术品投资收藏的热潮，画廊的经营实力也明显增强。

新兴市场在崛起中壮大。以互联网上网服务、网络游戏、网络音乐等为代表的新兴市场异军突起，势头迅猛。2013 年网络游戏市场规模（包括互联网游戏和移动网游戏市场）为 819.1 亿元。移动游戏成为最具活力和增速最快的游戏细分类别。网络音乐带动音乐产业转型升级。2013 年，网络音乐相关企业 695 家，网络音乐总体市场规模 74.1 亿元。随着文化部门加大网络音乐市场知识产权保护力度，网络音乐市场秩序进一步规范，多种商业模式在探索中成长。

　　互联网上网服务营业场所成为低收入人群的主要文化消费场所，互联网上网服务行业步入转型升级阶段。截至 2013 年，全国共有 13.5 万家，市场规模 520 亿元。单纯依靠机时费盈利的上网服务企业利润下降明显，环境优雅、服务质量高、多元化经营的连锁企业收入状况普遍高于传统的以机时费为主要盈利模式的单店。推广模式进一步创新，与其他业态相互融合，二、三线城市的发展速度逐渐超过一线城市。网络游戏稳步发展，规模不断扩大。

◇　二、形成繁荣发展文化市场的执法体制机制

　　文化市场法规体系已初步构建，文化市场的管理和执法基本有法可依。各层级的法规文件相互补充、配合，充实和完善了文化市场的法规体系，为依法行政奠定了基础。

　　文化市场管理工作坚持深化改革、简政放权，工作质量与行政效能大大提升。一方面取消和下放行政审批项目，积极推进文化市场行政审批改革。贯彻落实国务院关于取消、下放行政审批项目有关部署，仅 2013 年一年，分两批先后取消和下放了 9 项文化市场行政审批事项，同时做好了审批取消和下放的衔接工作。自 2004 年以来，文化、广电出版部门陆续取消和下放行政审批事项，注重强化企业自身的社会责任，比如 2013 年文化部印发《网络文化经营单位内容自审管理办法》，规范企业对自身内容审核和管理责任，强化政府对企业的指导服务和后续监管，提升了网络文化企业的自我管理能力，初步实现了从"政府管"到"企业管"的重要转变。

　　另一方面加强文化市场行政审批规范化建设。2013 年，组织

开展了行政审批规范化建设和大检查工作，推动审批规范化、促进依法行政、优化审批服务。审批规范化建设重点在建章立制方面下功夫，建立了从行政审批行为、程序、条件到社会监督等的全流程的示范性标准。行政审批大检查结果表明，全国文化市场行政审批总体比较规范，受理和办理方式逐步优化，审批效率不断提高。

与此同时，支持各级文化部门探索文化市场管理的创新机制，根据地区实际，考虑实行"点对点"的政策输送。2013年，根据上海自贸区的特点和上海市的政策需求，文化部印发了《关于实施中国（上海）自由贸易试验区文化市场管理政策的通知》，扩大开放，在自贸区调整文化市场管理政策。允许在试验区内设立外资演出经纪机构、演出场所、娱乐场所以及从事游戏游艺设备的生产和销售。上海自贸区政策的出台，为其他自贸区建设、研究探索适合本地区文化市场政策调整方式引领了方向，积累了经验。

文化市场培育也取得了显著成效。演出市场运行机制进一步完善，文化部鼓励演出院线联盟、区域联盟的建立，建设票务、节目制作营销等一批新型市场中介机构，推动形成高效的演出市场运作机制与合理的演出市场定价机制，扩大演出文化消费规模。构建多层次演出交易会、博览会平台，为演出市场发展提供专业化、社会化服务。艺术品市场交易秩序进一步规范。连续举办"全国艺术品市场法制宣传周"，充分发挥画廊在艺术品市场中的主体性和基础性作用。继续开展诚信画廊建设推广工作。积极探索娱乐市场管理新举措。联合有关部门，调研和调整游戏产业政策，制定游戏产品管理办法，加强游戏游艺市场管理，建设积极向上的网络文化市场。

文化市场综合执法工作以完善体制机制、加强队伍建设、加大督察力度为重点，执法人员素质和能力不断提升，执法专业化、规范化水平不断提升，保障了文化市场平稳有序发展。在文化市场领域实行统一综合执法，创新监管机制，整合执法资源，是中央作出的一项重要决策。当前，全国列入改革范围的 403 个地级市以及 2594 个县（区），全部完成综合执法机构组建工作，100% 的省（区、市）和 92.8% 的地市、75.9% 的县区组建了文化市场管理工作领导小组，3.2 万余名综合执法人员监管 78 万余家各类文化经营单位。改革使文化市场由分头管理、多头执法向统一领导、综合执法转变，执法力量明显加强，执法效能显著提高，执法成本显著降低。

在组建综合执法队伍的同时，建立健全执法规范化制度。文化部颁布实施《文化市场综合行政执法管理办法》，制定《文化市场综合行政执法人员行为规范》；委托北京、江苏、广东、浙江等地的 14 个基层执法机构，研究制定文化市场日常检查、举报办理、案件督办、行政处罚、文书制作、结案归档等 13 个执法规范，细化了执法流程，明确了执法标准和程序。

开展全国文化市场综合行政执法"岗位练兵技能比武"活动。搭建了各部委共同指导参与、全国执法队伍相互学习交流的平台。活动期间，全国各级共培训执法人员 8 万余人次，全面提高了执法人员理论知识和基本技能，多部门协作机制进一步深化，执法队伍的战斗力、凝聚力、向心力进一步增强。

2008 年以来，各级文化市场综合执法机构共出动检查超过 6000 万人次，受理举报 35 万余件，立案调查 42 万余件，办结案件 34 万余件。先后查办了一批有影响的大案要案，在市场扩大的同时发案率没有明显增长，执法效能有所提升。积极探索以综合治理为主的农村文化市场监管模式，针对新兴文化市场建立了网络文化市场执法协作机制，总结完善了突发事件应急处置机制。重大专项执法行动扎实开展，突出问题整治取得明显成效。平安奥运、平安世博专项行动、建国 60 周年、建党 90 周年、党的十八大等文化市场专项保障行动，文化市场知识产权保护等专项执法行动的扎实开展，营造了良好的社会文化氛围。

ⓘ _案 例_

建立完善长效管理机制

2011 年 4 月 18 日晚，中央电视台《焦点访谈》栏目以《"色情"演出的推手》为题，报道了浙江省的 5 家演出场所存在色情低俗演出问题。文化部随即下发《关于切实履行监管职责 全面加强演出市场管理的通知》，要求各地从营业性演出的主体准入、活动审批、场所管理、现场监管、诚信体系、行业组织、社会监督等各个环节着手，全面加强演出市场监督管理。在此次事件中，相关部门基本做到了三个方面：一是不回避媒体批评意见，承认现实问题，积极采取应对措施；二是积极主动回应媒体尤其是社会关注的焦点问题，及时通报事情处置情况；三是深度分析深层次问题，着眼于建立完善长效管理机制。

✧ 三、顺应和推动文化市场管理新趋势

首先，文化市场管理信息化水平不断提高。《国家"十二五"时期文化改革发展规划纲要》将文化市场技术监管平台工程列入重

点工程，并明确提出"运用先进技术手段提升监管水平，重点建设互联网及其服务场所、娱乐场所等监管平台，推动文化市场健康有序发展"的工作目标。目前，准入审批系统、综合执法系统在黑龙江、上海、江苏、浙江、安徽、山东、四川 7 省（市）试点运行，网络游戏动态监管系统、网络音乐监管系统在全国范围内试运行。与此同时，新版"中国文化市场网"正式上线，地理信息系统、移动执法系统即将试点，决策支持系统（一期）、演出经纪人管理与公共服务系统、培训考试系统、艺术品征信系统等正在开发，支撑全国文化市场各门类业务的核心应用以及全国文化市场统一的信息共享平台、统一的业务关联平台、统一的应用集成平台、统一的技术支撑平台将逐步建成。

其次，文化市场诚信建设逐步完善。依托全国文化市场技术监管与服务平台，建立健全文化市场各行业经营主体、从业人员信用信息，为公众和政府提供检索、查询、信用评价等信用记录公共服务。完善和严格执行文化资本、文化企业、文化产品市场准入和退出政策，加大失信惩戒力度，严格市场诚信记录，从整体上优化市场的诚信环境，提高文化市场的诚信水平。

最后，文化市场行业协会不断发挥积极作用。进一步明确思路，将行业协会建设作为转变政府职能、加强市场建设的重要抓手。一方面明确行业协会责、权、利，充分发挥其在行业和市场发展中的独特作用；一方面又指导协会加强制度建设，接受政府监督。2012 年，中国演出行业协会正式挂牌，中国互联网上网服务行业协会正式成立。加强对演出行业协会组织实施资格认定工作的监督和指导，指导并转发中国演出行业协会的《演出经纪人员资格认定考试办法》和《演出经纪资格证书管理办法》，完善演出经纪人员资格认定、从业规范、证书管理、信用管理等一揽子配套制度。加大对互联网上网服务行业协会的支持力度，通过协会推荐选取、联系服务试点企业，发挥协会在推动上网服务行业转型升级工作中的重要作用。大力支持文化娱乐行业协会与艺术品行业协会两个全国性行业协会的筹建工作。地方性、专业性行业协会建设也取得进展，在行业中发挥应有的职能作用。

第二节　加快发展文化产业

文化产业以创意为源头，以内容为核心，其产业链长、资源消耗低、环境污染少，是国民经济中具有先导性、战略性和支柱性的新兴朝阳产业，是最可持续发展的产业之一。发展文化产业是社会主义市场经济条件下满足人民群众多样化精神文化需求的重要途径，是推动经济结构战略性调整的重要支点和转变经济发展方式的重要着力点。

在我国，文化产业的概念是立足我国国情，从我国经济社会发展和文化建设实践中产生和发展的。国家统计局制定的《文化及相关产业分类（2012）》对"文化及相关产业"作出的界定是"为社会公众提供文化产品和文化相关产品的生产活动的集合"，具体包括新闻出版发行服务、广播电视电影服务、文化艺术服务、文化信息传输服务、文化创意和设计服务、文化休闲娱乐服务、工艺美术品的生产、文化产品生产的辅助生产、文化用品的生产、文化专用设备的生产十个门类。需要指出的是，文化产业本身也是一个发展中的概念，随着经济社会不断发展，人们对文化的认识逐步深入，文化与其他领域的加速融合，文化产业的涵盖范围也在不断扩大。我国对文化产业的界定和其他国家和地区既有区别又有联系。尽管世界各国对文化产业从不同角度进行了不同的定义，但文化产品的精神性、娱乐性等基本特征不变，涵盖的范围也基本相同。

✧　一、我国文化产业的发展脉络和历史机遇

我国文化产业是伴随着改革开放的步伐而逐步崛起、伴随着市场经济的发展而茁壮成长的新兴产业形态。随着人民群众精神文化需求日趋旺盛，出版、媒体广告、娱乐和互联网上网服务行业、电子游戏产业快速发展，文化的产业属性逐步显现出来，并得到政府和社会各界的关注。1998 年，中央政府批准在文化部设立文化产业司，2000 年党的十五届五中全会首次在党的中央文件中提出"文化产业"概念。2002 年，党的十六大将文化建设分为公益性文化事业和经营性文化产业两部分，在文化建设的认识上实现了一个重大突破。2007 年，党的十七大进一步提升了文化产业的战略地位。2009 年，国务院颁布我国第一部文化产业发展专项规划——《文化产业振兴规划》，标志着文化产业发展已经上升为国家战略。2010 年 10 月，党的十七届五中全会首次提出要推动文化产业成为国民经济支柱性产业。2011 年 10 月召开的党的十七届六中全会把文化产业提升到前所未有的高度，要求推动文化产业跨越式发展，使之成为新的经济增长点、经济结构战略性调整的重要支点、转变经济发展方式的重要着力点。党的十八大和十八届三中全会对文化改革发展作出了新的重大战略部署，特别是将"文化

产业成为国民经济支柱性产业"列入2020年全面建成小康社会的指标体系。

改革开放三十多年来，伴随着思想解放和经济腾飞，党中央、国务院高度重视文化产业发展，逐步明确了文化产业发展的指导思想、发展战略和目标任务，走出了一条中国特色文化产业发展之路。从发展趋势看，我国文化产业已经进入了在新的历史起点上取得突破性进展的新时期、新阶段。党中央、国务院关于文化改革发

▲ 大型桂林山水实景歌舞剧《印象刘三姐》　　　　　　（新华社发　刘广铭／摄）

展的一系列战略部署极大地提振了文化产业界信心，为文化产业发展注入了强大动力，社会各界关于加快发展文化产业的舆论共识正空前凝聚，文化产业发展的政策环境持续优化。

当前和今后一个时期，我国文化产业仍将持续处于重要的发展机遇期。首先，社会资本进入文化产业的步伐不断加快，为文化产业发展提供有力保障。在国家政策引导下，大量资本和人力资源涌入文化产业。随着文化产业投融资体系的逐步完善，金融机构对文化产业的支持力度将不断加大。据统计，2013 年全国文化、体育和娱乐业民间固定资产投资总额达 2820 亿，同比增长 28.7%，高于全社会民间固定资产投资增速 5 个百分点。其次，旺盛的城乡居民文化消费需求为文化产业发展拓展了广阔空间。当前我国人均GDP 已经超过 6000 美元，而城乡居民家庭文化消费在消费性支出中的比例仅占 7%—8% 左右，文化消费总量刚超过 1 万亿元，潜力十分巨大。最后，文化与相关产业的加速融合为文化产业发展持续提供新动力。随着文化产业与科技、旅游、信息、制造、建筑、商贸、休闲、餐饮等相关领域的结合日益紧密，促进文化产业不断催生新业态、拓展新市场、开辟新空间。

◇ 二、我国文化产业发展现状和主要问题

一方面，改革开放以来，特别是近十年来，我国文化产业呈现出蓬勃发展态势，文化产业规模逐步壮大，涌现出一批具有较强实力和竞争力的文化企业和企业集团，以公有制为主体、多种所有制共同发展的文化产业格局初步形成。演艺、娱乐、出版发行、影视制作、印刷、广告、文化会展等传统文化产业持续壮大，文化创

意、数字出版、移动多媒体、动漫游戏等新兴文化产业迅速崛起。文化"走出去"步伐不断加快，文化进出口贸易逆差逐步缩小。总体看来，我国文化产业已经成为文化建设的重要内容和国民经济新的增长点，正日益凸显出成长为国民经济支柱性产业的巨大潜力。

根据国家统计局发布的数据，我国文化产业法人单位增加值从2004年的3100亿元、占GDP的1.94%增加到2012年的18071亿元、占GDP的3.48%，增加值现价年均增速超过23%，高于同期GDP现价年均增速约6.6个百分点。2012年文化产业对当年经济总量增长的贡献已经达到5.5%。各地文化产业都取得了长足发展，大多数地方文化产业的增长速度高于经济的整体增长速度，为促进当地经济增长、加快经济发展方式转变作出了积极贡献。

▲ 第十届中国（深圳）国际文化产业博览交易会现场　　（新华社发　毛思倩/摄）

另一方面，随着我国新型工业化、信息化、城镇化和农业现代化进程的加快，"跨界融合"已经成为当前我国文化产业发展最突出的特点，文化与国民经济相关产业不断加速融合，文化越来越成为产业创新的源泉和转型升级的重要力量。一是随着文化与科技的加速融合，基于互联网和移动互联网的一系列新型文化业态日新月异，日益成为文化产业新的增长点。随着文化产业与资本的加速融合，文化产业的横向和纵向整合也日趋多样化，大规模资本运作将催生更多综合性文化产业集团。二是文化产业与实体经济的相互交融，文化创意元素日益融入相关产业发展，丰富相关产业文化内涵，提升附加值，推动产业创新和转型升级。在制造业领域，文化产业带动制造业产业升级，大大提升了纺织、轻工、包装、服装等行业的文化内涵。文化与旅游、建筑、农业等领域融合发展更加深入，既丰富了相关产业的文化内涵，也扩大了文化消费。中国移动手机动漫基地 2010 年开始建设，2012 年收入 3 亿元，2013 年的收入已经突破了 10 亿元。据统计，2013 年移动游戏市场规模突破 110 亿元，同比增长 246.9%。三是文化产业与资本的融合不断升温，据统计，2013 年文化产业领域并购事件超过 50 起，累计资金超过 400 亿元。

与此同时也要看到，我国文化产业作为一个新兴产业，发展基础相对薄弱，目前还存在许多问题，亟待在深化产业发展规律认识的基础上，出台有关政策措施予以逐步解决。一是产业总量规模偏小，离支柱性产业还有一定的距离。我国文化产业在整个国民经济中所占的份额相对较小，对国民经济的贡献及影响远远低于美国、日本等发达国家。二是产业集中度不高，结构和布局不尽合理。我国文化企业规模普遍偏小，缺乏大型龙头骨干企业。传统文化产业所占比重仍然较大，新兴文化产业比重明显偏低，结构完整、层次清晰的文化产业链尚未形成。文化产业区域、城乡发展不平衡现象仍然突出，部分地区存在发展思路单一、产业结构雷同的问题。三是产业创新能力不足，创造力和竞争力还不强。我国文化产业在科技、内容、形式、服务等方面的自主创新能力不足的问题十分突出，内涵深刻、风格独特、形式新颖、技术先进的精品力作和知名的文化品牌较少，文化产品的创意元素和科技含量不高，市场竞争能力不强。四是产业政策体系还不够完善，市场环境有待进一步优化。随着文化产业与国民经济其他行业的融合度、关联度越来越高，迫切需要文化行政部门、新闻出版广电部门加强与财政、发展改革、金融、科技、国土、商务、教育、旅游等部门的协调和合作，整合各种资源，形成政策合力来共同推动文化产业发展。

❖ 三、推动文化产业发展的政策走向

党的十六大以来，中央政府各部门和各地区认真贯彻党中央、国务院关于文化建设的总体要求，逐步找到了推动文化产业发展的有效途径，形成了一套行之有效的工作机制。面对文化产业发展的新形势、新要求，要实现 2020 年之前推动文化产业成为国民经济支柱性产业的战略目标，国务院文化行政主管部门和相关部门将按照党中央、国务院部署，扎实推进各项工作，全面创造有利于文化产业跨越式发展的良好环境。

一是充分履行政府引导、扶持和服务职能，推动完善政策法规体系。加快转变政府职能，充分发挥市场机制作用，加强政府政策引导和公共服务职能，创造良好发展环境。出台切实可行的政策措

施，加大财政、税收、金融、土地、人才等方面对文化产业的政策扶持力度。加快文化产业立法进程，为文化产业发展提供法制保障。

二是加强统筹规划和分类指导，推动区域文化产业协调发展。实施差异化发展战略，引导各地根据资源禀赋和功能定位，加快发展特色文化产业，努力形成文化产业"东、中、西"部优势互补、相互拉动、共同发展的局面。

三是以体制机制改革为动力，着力培育市场主体。继续推进国有经营性文化单位转企改制，加快公司制、股份制改造，提高企业活力和市场竞争力。推动文化企业跨地区、跨行业、跨所有制兼并重组，提高文化产业规模化、集约化、专业化水平。切实为民间资本进入文化产业做好服务，消除有形和无形壁垒，提供公开透明、平等准入、公平竞争的发展环境。支持各种形式小微文化企业发展，推动就业创业和创新。

四是努力扩大文化消费。把扩大文化消费作为扩大内需的重要组成部分，建立扩大文化消费需求的长效机制，特别是要抓住城镇化持续推进、城市人口大幅增加带来巨大的文化消费空白，加强文化市场需求和消费趋势预测研究，以优质、丰富的文化产品和服务吸引消费者，满足人民群众不断增长的精神文化需求。

五是促进文化与相关产业融合发展。推动文化科技融合创新，积极发展以数字化生产、网络化传播为主要特征的动漫游戏、网络文化、数字文化服务等新兴文化产业，推动文化产业共性技术、关键技术和核心技术的研发、推广和应用，增强产业自主创新能力。推进文化创意和设计服务与装备制造业、消费品工业、建筑业、信息业、旅游业、体育和农业等重点领域融合发展，提升相关产业文化含量，促进产品服务创新，带动国民经济相关产业转型升级。

六是鼓励文化企业开拓境外市场，促进加快对外贸易发展。创新文化"走出去"模式，开拓国际文化市场，加快中国优秀文化产品、文化服务和文化企业走出去步伐，增强中华文化在世界上的感召力和影响力。同时通过与世界各国优秀文化的交流，学习借鉴各国发展文化产业的先进经验，有效推动国内文化产业的发展。

第三节　推进文化科技创新

深入推进文化与科技融合，是实现文化强国发展目标的必然要求，是满足人民群众多方面、多层次、多样化文化需求的重要手段，是当前形势下实现文化又好又快发展的重要举措和关键环节。

◇　一、文化与科技深度融合助推文化产业发展

在文化建设中，科学技术发挥着越来越突出的作用，为改造传统文化产业，培育现代文化业态，提高文化产品质量，提供了强劲动力。

一是在文化内容的表现力上，通过推进现代科技与艺术创作的结合，在艺术作品中善于运用科技的手段，形象而生动地表现改革开放的伟大成就，表现人民群众的喜怒哀乐和社会生活的多姿多彩。推进现代科技与文化产业的融合，促进民族文化资源优势转变为文化产品优势，加强动漫、网游等新兴文化业态中内容的本土化与民族化。

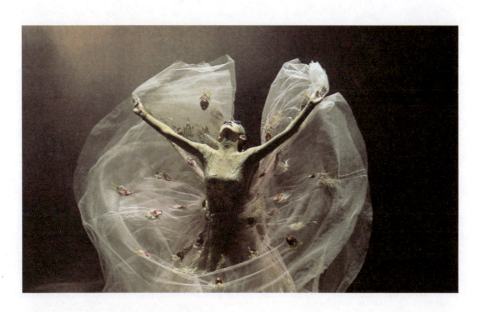

▲ 以"孔雀舞"闻名的舞蹈家杨丽萍　　　　　　　　　　　(新华社发　马宬/摄)

二是在文化形式的吸引力上，运用科技的手段，不断创造新的文化样式，催生新的文化业态，实现题材、品种、风格和载体的极大丰富，使我们的文化更具吸引力、感染力。要充分利用网络文化、手机文化等新兴文化载体，使之成为传播社会主义先进文化的新阵地、公共文化服务的新平台、人们健康精神文化生活的新空间。

三是在文化服务的高效性上，依靠科技进步完善公共文化网络布局与功能，创新公共文化服务方式与方法。充分运用科技手段使民族文化资源优势转变为公共文化的产品供给优势，解决重大公益性文化科技问题，拉动以数字文化资源处理、图书馆服务技术创新为主要领域的相关服务和装备制造技术水平的发展。

四是在文化传播的影响力上，站在科技发展最前沿，充分运用先进技术手段改造传统文化生产、经营和传播模式，推进票务系统、文化传媒系统技术升级，着力拓展传播渠道，丰富传播手段，构建起传输快捷、覆盖广泛的文化传播体系。十多年来，我国广电科技创新成果显著，广播电影电视在由模拟技术向数字技术，由单向传输网络向双向、互动传输网络，由固定接收向固定、移动并存接收转变，取得重大进展。数字电视、高清电视、互联网电视、手机电视、IP 电视、巨幕电影等多种影视业态快速兴起，极大地丰富了群众精神文化生活。广播电影电视科技创新给文化消费方式带来了巨大的变革。

ⓘ _案 例_

"3D 版的尚长荣形象"

国家新闻出版广电总局、中共上海市委宣传部、上海市文化广播影视管理局等联合出品的京剧电影《霸王别姬》，除了拍摄高清电影之外还套拍 3D 版，《霸王别姬》也因此成为中国戏曲舞台上的首部 3D 版电影。该片将秉承"既确保京剧原汁原味，又体现当代高清电影特色"的宗旨，镜中的人物仿佛触手可及，展示了"3D 版的尚长荣形象"。

◇ **二、协调推进文化科技融合**

按照党中央关于文化建设的重要战略决策和部署，各级有关部门和文化科技工作者积极探索文化与科技融合的实现途径，努力形成推进文化与科技融合的新的工作机制。

文化部、科技部部际会商机制形成，部际合作力推文化与科技融合，促使各级文化主管部门打破条块分割，整合文化科技资源，加强对高新技术的引进消化和成果转化，逐步建立适应新时期文化发展和科技自身发展规律的新型文化科技体制。2011 年 7 月，科技部、文化部共同签署了两部工作会商制度议定书。按照会商议定书的设想，科技部、文化部在"十二五"期间，集成科技与文化的优势资源，在发展规划编制、计划组织实施、研究开发活动、成果转化和产业化等方面加强协调，共同组织实施专项行动计划，提高文化领域的科技创新能力，促进文化产业跨越式发展，构建有利于文化与科技融合的文化创新体系，研究和探索有效推进文化与科技融合的体制和政策机制，促进文化软实力提升。目前，两部已在项目的组织实施方面有了实质性进展，"文化资源数字化关键技术及应用示范"等多个项目列入国家科技支撑计划项目。为进一步加强文化科技融合的载体建设，整合国家高新技术区、文化产业基地等实践平台的文化力量和技术力量，2011 年，文化部、科技部等多部委共同酝酿开展文化和科技融合示范基地评定工作。2012 年，中宣部、科技部、文化部等五部委联合认定了首批 16 家国家级文化和科技融合示范基地，2013 年，第二批 18 家国家级文化和科技融合示范基地也完成认定。

组织实施各类科技创新项目，激发社会各界参与文化科技工作的积极性和主动性，取得了一大批科技创新成果。过去几年，国家文化科技提升计划、国家文化创新工程等重大项目相继启动。这些项目面向国家文化建设与发展的科技需求，开展文化科技基础性研究和集成应用研究，内容涉及公共文化设施、基层文化建设、文化生态保护与开发、艺术创作、文化对外影响力、新型文化业态发展等诸多方面，力求解决一批具有关键性、全局性和前瞻性的重大文化科技问题，充分发挥了科技进步在文化建设中的支撑、提升和引领作用。

◇ 三、完善文化科技发展的条件

我国文化科技发展正处于大有可为的重要战略机遇期与跃升期，但仍存在一些薄弱环节和深层次问题。主要表现为文化科技发展还不能很好地满足国家文化发展的需求，文化科技自主创新意识与能力有待增强，文化科技创新投入严重不足；文化事业发展中新技术集成应用较少，文化产业技术研发与创新水平偏低，相关基础和前沿研究比较薄弱；企业文化科技创新活力和动力亟待加强，产学研用结合不够紧密，文化科技队伍建设需要加大力度，高层次创新型文化科技人才匮乏，科技资源配置效率有待提高，自主创新政策落实需要进一步深化。加快文化科技发展，是文化繁荣发展的必要支撑，是文化建设的迫切要求，是转变经济发展方式、推动文化产业成为国民经济支柱性产业的战略任务。文化科技发展的总体目标为文化科技创新体系基本完备，自主创新能力大幅提升，科技竞争力显著增强，文化重点领域核心关键技术取得突破性进展，文化行业标准化体系相对完善，文化科技基础环境条件得到改善，科技资源与文化资源的共享明显增强，文化与科技融合在深度和广度上取得实质性推进，有力支撑和引领文化事业和文化产业的发展。

第一，优化文化科技创新发展环境。完善文化科技管理体制，积极探索跨部门、跨地区合作新机制，鼓励各级文化部门与科技部门建立文化科技协调工作机制，支持各种社会力量参与文化科技活动，形成有利于文化科技发展的工作管理环境。建立健全各级各类文化科技管理制度，制定和完善文化科技创新服务保障、资金扶持等方面的政策措施。积极协调各级财政部门，不断增加文化科技财政投入，形成持续稳定的经费支持渠道。重点支持欠发达地区文化科技服务手段创新，实现公共文化服务均等化。

第二，加强文化科技创新载体建设。依托国家高新技术产业开发区、国家可持续发展实验区等，联合科技主管部门认定一批各具特色的国家级文化和科技融合示范基地，带动形成一批科技含量高、创新能力强的文化产业集群，优化文化产业结构。建设认定一批带动性强的文化科技创新型领军企业，结合促进高技术产业和文化产业发展的相关政策，研究制定促进文化科技企业快速发展的综合优惠措施。支持建立文化、艺术、技术、管理等方面力量相融合相促进的国家文化创新研究中心，持续开展文化科技创新发展战略和政策研究。加强资源整合，依托高等院校、科研院所及文化科技企业，培育建设若干文化科技重点实验室，开展文化科技关键技术研究和国际交流合作，提高文化领域科技创新能力，促进文化科技成果转化和创新创业人才培养。加强政产学研用的结合，构建以技术创新型企业、文化综合服务运营商及骨干文化集团为主体的文化技术创新战略联盟。

第三，强化文化与科技融合服务文化建设的支撑功能。通过实施文化科技重大专项，统筹开展原始创新、集成创新、引进消化吸收再创新。开展公共文化服务领域共性关键技术的研究与开发，支持数字技术、信息技术、网络技术在图书馆、博物馆、美术馆、文化馆中的集成应用，提升公共文化产品技术含量和服务效益。研究文化科技与文化产业融合发展的集成技术，积极采用适用技术推动传统文化产业升级，积极利用高新技术增强与壮大新兴文化产业。提高艺术生产装备水平和科技含量，增强文化演出的创造力、表现力和传播力。研究文化资源保护开发共享、知识产权保护、文化安全监管、文化诚信评价等文化管理共性技术，提高文化管理科技服务水平。

第四，加快文化行业标准规范制定。推进《文化标准化中长期发展规划（2007—2020）》的组织实施，加强涉及文化领域服务、建设、安全、环保、工艺、消费者权益保护等各个环节的重要技术标准、服务标准和基础标准的研究与制定，充分发挥标准化在文化发展以及公民文化权益保障中的导向和规范作用。

第五，汇聚文化科技专业人才队伍。以文化科技重点领域的研发为依托，通过实施重大科研项目，引进和培养一批文化科技领军人才。围绕文化科技不同发展方向，汇聚各类中青年科技专家，培养特色学科带头人和高级技术管理者。依托高校、科研院所，加强理工学科与人文、艺术学科的交叉融合，支持高校设立文化科技交叉学科与专业，培养文化科技后备人才。

▌ 本章小结 ▌ ··············

建立现代文化市场体系是党的十八届三中全会提出的目标，是形成中国特色社会主义制度体系的重要组成部分。完善文化市场管理、加快文化产业发展、推进文化科技创新，是建立健全现代文化市场体系的重要步骤和措施。通过繁荣市场奠定文化产业的基础，又通过深化文化与科技的深度融合，促进文化产业的发展，它们相互作用和推动，从而逐步建立健全现代文化市场体系，满足人民群众多样化的精神文化需求。

名 词 解 释

文化市场综合（行政）执法：指文化市场综合执法机构依照国家有关法律、法规、规章的规定，对公民、法人或者其他组织的文化经营活动进行监督检查，并对违法行为进行处理的具体行政行为。文化市场综合行政执法机构包括：经法律、法规授权实施文化市场综合行政执法，对同级人民政府负责的执法机构；接受有关行政部门委托实施文化市场综合行政执法，接受委托机关的指导和监督，对委托机关负责的执法机构。文化部负责指导全国文化市场综合行政执法，建立统一完善的文化市场综合行政执法工作制度，建设全国文化市场技术监管体系，加强文化市场综合行政执法队伍的专业化、规范化、信息化建设，完善对文化市场综合行政执法工作的绩效考核。

全国文化市场技术监管与服务平台：《国家"十二五"文化发展规划纲要》中的重点建设工程，整体计划投资达两个亿。按照统一规划、集约建设、突出重点、分步实施、统一管理、分级部署、自主可控、综合防范的建设原则，计划通过 5 年时间，依托信息网络技术，逐步建成支撑文化市场的宏观决策、市场准入、综合执法、动态监管和公共服务等核心应用，覆盖全国的统一、高效的文化市场技术监管系统，推进文化市场管理执法的标准化、规范化、信息化和科学化，形成全国文化市场统一的信息共享平台、统一的业务关联平台、统一的应用集成平台和统一的技术支撑平台，以打破文化行政部门与综合执法机构之间、上下级部门之间、相关部门之间的信息壁垒，实现市场准入、动态监管、综合执法和公共服务业务的集中和统一。目前，平台业务应用软件、网络音乐、网络游戏动态监管系统在 7 个省份试点完毕，正在全国部署推广应用工作。

文化产业：国家统计局制定的《文化及相关产业分类（2012）》对"文化及相关产业"作出的界定是"为社会公众提供文化产品和文化相关产品的生产活动的集合"，具体包括新闻出版发行服务、广播电视电影服务、文化艺术服务、文化信息传输服务、文化创意和设计服务、文化休闲娱乐服务、工艺美术品的生产、文化产品生产的辅助生产、文化用品的生产、文化专用设备的生产等十个门类。需要指出的是，文化产业本身也是一个发展中的概念，随着经济社会不断发展、人们对文化的认识逐步深入、文化与其他领域的加速融合，文化产业的涵盖范围也在不断扩大。

思 考 题

1. 如何发挥市场在文化资源配置中的作用？

2. 发展文化产业的根本目的是什么？试述你所在地区文化产业发展现状、问题和举措。

3. 我国文化科技发展的目标是什么？

第 七 章

构建现代传播体系

传播能力是国家软实力的重要组成部分，关系到国家利益、国家形象、国家安全和国际地位，关系到中国改革开放和社会主义现代化建设大局。建立健全现代传播体系，形成与综合国力和国际地位相称的传播能力，是中国媒体面临的一项十分重要而紧迫的战略任务。提高社会主义先进文化辐射力和影响力，必须加快构建技术先进、传输快捷、覆盖广泛的现代传播体系。

第一节　加强重要媒体建设

意识形态工作是党的一项极端重要的工作。党报党刊、通讯社、电台电视台是中国共产党意识形态工作和新闻宣传事业的主阵地、主力军，因此任何时期都必须将重点媒体建设作为构建和发展现代传播体系的战略重点。在今天，这一任务比以往任何时候都要显得更加重要和紧迫。

◇ 一、大力强化阵地意识

必须始终把坚持正确的舆论导向、提高舆论引导的能力当作一项重要的政治任务抓紧抓好。导向是新闻媒体的生命，是其生存与发展之根本。始终把坚持正确的舆论导向放在首位，这是中国新闻宣传工作的党性原则所决定的，也是中国共产党在革命、建设和改革三个时期的重要的历史经验。

在新的历史时期，中国新闻媒体站在党和人民的立场上，进一步强化阵地意识，要把围绕中心、服务大局作为基本职责，胸怀大局，把握大势，着眼大事，在事关政治方向、政治原则的问题上时刻保持清醒头脑，做到旗帜鲜明，立场坚定，绝不含糊，在舆论导向的把握上始终当好"把关人"的重要角色，这是新闻媒体的光荣使命和艰巨任务。

牢固树立以人民为中心的工作导向，把服务群众同教育引导群众结合起来，把满足需求同提高素养结合起来，多宣传报道人民群众的伟大奋斗和火热生活，多宣传报道人民群众中涌现出来的先进典型和感人事迹，丰富人民精神世界，增强人民精神力量，满足人民精神需求。始终遵循团结稳定鼓劲、正面宣传为主的方针，必须坚持巩固壮大主流思想舆论，弘扬主旋律，传播正能量，激发全社会团结奋进的强大力量，为我国的改革开放和社会主义现代化建设，为实现中华民族伟大复兴的中国梦，提供强大的舆论支持。

紧紧围绕深入贯彻"三贴近"原则，大力推进宣传创新，切实增强新闻宣传的亲和力、吸引力、感染力。推进宣传手段创新，充分运用新技术、新应用创新媒体传播方式，拓展正面宣传阵地，占领信息传播制高点，促进传统媒体和新兴媒体互融互通，各尽所能、各显神通，形成新时期重点媒体新闻宣传工作的新格局。

2011 年，中宣部、中央外宣办、国家广电总局、新闻出版总署、中国记协等部门在全国新闻战线组织开展"走基层、转作风、改文风"活动。这个活动是为了推动新闻工作者切实将群众观点、群众路线体现在新闻宣传实践中，促进新闻单位深入基层、深入群众进一步制度化、常态化。全国新闻战线闻风而动，纷纷在重要版面、重要时段开办面向基层、服务群众的专题或专栏，持续推出记者深入基层、深入一线的报道。活动带来了版面、频道的变化：老百姓的镜头多了，基层的声音响了，套话空话少了，实实在在的内容多了，官腔官调少了，群众语言多了。"一头汗两腿泥才能写出好新闻"，是参与活动记者的切身体会。"走转改"很快由新闻系统延伸辐射到整个宣传文化领域，产生了积极效果。广大文化艺术工

▲ 编辑记者代表和基层群众面对面交流　　　　　　（新华社发　朱祥／摄）

作者踊跃深入基层、深入生活、深入群众，"三下乡""四进社区"等活动更加活跃。

ⓘ _案 例_

"蹲点日记"

2012 年 1 月 12 日起，中央电视台新闻频道在《走基层》中播出由记者雷飚采访制作的 7 集连续报道"蹲点日记：杨立学讨薪记"。以连续追踪报道的形式在《新闻联播》中播出 4 集报道，是《新闻联播》民生报道的一次突破，同时也把央视"走转改"报道推向了新高度。许多网友用"追看"二字来形容"蹲点日记：杨立学讨薪记"的观感。这个节目从多个侧面真实还原了农民工讨薪的艰难和政府促进问题解决的积极作用，甚至直接推动了国家有关部委出台政策措施。

◇ 二、推动传统媒体向现代媒体的转型发展

数字化、网络化是全球新闻媒体发展的重要趋势之一。推动传统媒体向现代媒体的转型发展，是其顺应世界高新技术发展趋势和满足新时期广大群众的新期待新需求的需要。

首先，加快新闻媒体采编、发行、传输、播发系统的数字化、网络化、智能化建设，积极推进数字出版、数字印刷、数字发行、数字阅读，逐步建设电台电视台采访、编辑、播出、存储、使用等

台内一体化的数字技术体系，构建面向多屏幕、多终端、多播出平台的综合制播系统，从而提升重点媒体信息发布、节目传输和接收的质量和水平。

其次，进一步调整和变革新闻媒体内部管理体制和运行机制。数字、网络和移动通信 3G、4G 甚至 5G 技术等新一代信息技术作为先进的生产力，势必带来重点媒体内部生产关系的调整与变革。重点媒体大力利用数字、网络和移动通信技术等新一代信息技术，必然会带动媒体内部机构的调整和重组以及内部管理体制和运行机制的变革与创新，并努力地去适应数字、网络和移动通信技术等这一生产力发展的需要。

✧ 三、推动传统媒体与新兴媒体的融合发展

着力推动传统媒体和新兴媒体在内容、渠道、平台、经营、管理等方面深度融合，加快建设形态多样、手段先进、具有强大传播力和竞争力的新型主流媒体，努力达到世界一流水平。

第一，党报党刊、通讯社、电台电视台等重点新闻媒体要树立传统媒体、新兴媒体一体化发展的理念，实现各种媒介资源、生产要素的有效整合，实现信息内容、技术应用、平台终端、人才队伍的共享融通，使得主流舆论能以乘数效应充分放大，从而提升主流媒体的传播力、影响力。

第二，强化互联网思维。重点媒体应积极适应新兴媒体平等交流、互动传播的特点，树立用户观念，改变过去媒体单向传播、受众被动接受的方式，注重用户体验，满足多样化、个性化的信息需求；积极适应新兴媒体即时传播、海量传播的特点，树立抢占先机

的意识，重视信息传播内容的首创、首发和首播，充分挖掘和整合信息资源，在信息传播中占据主动、赢得优势；适应新兴媒体充分开放、充分竞争的特点，树立全球视野，强化市场观念，提高市场营销和产品推广能力，做大做强自身品牌。

第三，增强借力发展意识。重点新闻媒体应通过多种形式或手段，充分借力互联网等领域成熟的技术、平台和渠道等，实现更好更快发展。

第四，增强媒体信息内容的核心竞争力。在强调技术引领和驱动的同时，加强重点媒体建设须始终坚持"内容为王"，把内容建设摆在十分突出的位置，以优质的内容、名牌品牌栏目节目等赢得发展优势。

第二节　加强媒体传输渠道建设

内容是新闻媒体生存发展之根本，是重点新闻媒体的核心竞争力。而构建技术先进、传输快捷的发行、传输、覆盖和播映等传播渠道或网络，则是重点媒体扩大传播范围，提高传播力、影响力的重要支撑和保障，也是新时期构建和发展现代传播体系的重要工作之一。

◇　一、加快完善现代报刊发行网络

发行是报刊的生命线。报刊的发行不仅体现了通过交换的过程，满足人类对信息的欲求，也体现了信息从生产到消费和使用的

全过程，是报刊生存发展的晴雨表。

随着改革开放的深入和社会主义市场经济体制的确立，报刊市场的发行竞争越来越激烈。为了应对挑战，各种报刊纷纷改变原有的发行模式，采取新的发行理念、渠道和办法，以便在报刊竞争中闯出一条全新的发行之路。

报刊发行迫切需要明确自身的发展方向，正视所处的新媒体环境，借鉴新媒体优势，通过体制、机制改革，通过新手段、新方法来创新发行营销与管理，必须在发行工作中导入现代营销理念。完善现代报刊发行网络，是提升报刊竞争力的重要手段。一是对现有报刊流通体制机制进行改造，统一数字编码、结算体系等服务标准，建立健全集中配送、连锁经营、电子商务、统一结算的体系，发展快捷、方便的现代物流，实现报刊发行与经营效率的最大化。二是建设适合图书、报刊、音像制品流通特点的分发快递系统，加大分发快递系统建设，充分利用现代各类交通工具建成投送体系，推动多种物流的高效竞争。三是建设大量配送点和配送仓库，降低流通成本，使广大消费者真正得益。四是大力发展现代互联网电子期刊、电子图书，加快开发具有自主知识产权的软硬件终端，推动中国的电子期刊、电子图书产业的繁荣发展。

◇ 二、推动广电传输网络向固定、移动、宽带全领域的覆盖

目前，我国广播电视拥有无线、有线、卫星传输覆盖网络等，各自业务相对独立、功能互补，它们之间尚未形成互联互通（见下页图）。新时期，将以全媒体、全功能、全业务作为发展重点和方向，推进传输覆盖网络的数字化、网络化、智能化和移动化升级改

造，进一步优化广播电视传输覆盖网络的布局，推动其由单一传输覆盖功能向固定、移动、宽带全领域传输覆盖转变。

一是加快无线网络数字化进程，建设全国各级电视节目的地面数字电视广播覆盖网络，发展移动多媒体广播电视（CMMB），推动数字声音广播技术标准制定和试验播出。

二是加快有线网络数字化、双向化改造和下一代广播电视网（NGB）建设步伐，提高广电网络对三网融合业务和跨域型新兴业务的承载能力，具体目标是，到2015年全国县级以上城市有线电视网络全面实现数字化，80%基本实现双向化。

三是加快直播卫星技术应用，开发推送点播等新业务，拓展行业服务新领域。

四是以有线数字电视、移动多媒体广播电视等网络为基础，加快下一代广播电视网建设，并积极推动有线、无线、卫星传输网络的互联互通和智能协同覆盖，为开展跨网络、跨平台、跨终端业务，满足"任何时间、任何地点看电视"的用户需求提供技术支撑。

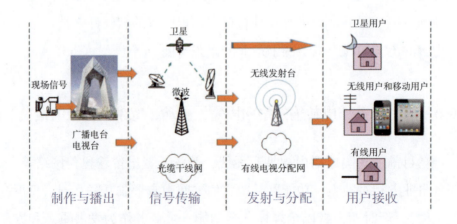

▲ 广播电视媒体系统的基本构成图

移动多媒体广播电视（China Mobile Multimedia Broadcasting，简称 CMMB），是中国自主研发的第一套面向手机、PAD 等小屏幕便携手持终端以及车载电视等终端提供广播电视服务的多媒体播出系统。它利用卫星 S 波段信号实现"天地"一体覆盖、全国漫游，支持 25 套电视节目和 30 套广播节目。2006 年 10 月 24 日，国家广电总局正式颁布了中国移动多媒体广播（俗称"手机电视"）行业标准，确定采用我国自主研发的移动多媒体广播行业标准。到 2012 年年底，带有 CMMB 的移动终端类型丰富多彩，其信号已基本覆盖全国 336 个地级以上城市和 855 个县级城市，覆盖人口超过 5 亿人。

下一代广播电视网（Next Generation Broadcasting network，简称 NGB），由科技部和广电总局联合组织开发建设。下一代广播电视网是以有线电视网数字化整体转换和移动多媒体广播电视的成果为基础、以自主创新的"高性能宽带信息网"核心技术为支撑、构建的适合我国国情的、"三网融合"的、有线无线相结合的、全程全网的下一代广播电视网络。下一代广播电视网的核心传输带宽将超过每秒 1000 千兆比特，保证每户接入带宽超过每秒 40 兆比特，可以提供高清晰的电视、数字音频节目、高速数据接入和话音等"三网融合"的"一站式"服务，它能让家庭电视机成为最基本、最便捷的信息终端，使宽带互动数字信息消费如同水、电、暖、气等基础性消费一样遍及千家万户。

✧ 三、推进报网、台网联动与互动

从全球发展来看，报纸、期刊、电台电视台、通讯社的"触网"

即它们与互联网互联互通是新的发展潮流。报社、通讯社、电台电视台在建立内部数字化、网络化新体系的同时，也在创新性地开展跨网络、跨屏幕、跨平台以及跨地区、跨行业的新业务，实现新闻信息、节目内容在多屏幕、多终端、多平台的无缝对接与互联互通。

2012 年，中央重点新闻媒体和部分省（自治区、直辖市）新闻媒体基本实现报网、台网联动和互动，实现了传统媒体向现代媒体的重大转型。

中央电视台旗下的中国网络电视台（CNTV），通过"台网捆绑"的模式打造国家级网络广播电视传播平台，它不仅融合了电视与互联网、电视与手机、移动终端等多重特性，同时也实现了从台网联动到台网互动的重大转变。该台于 2009 年 12 月 28 日正式开播。中国网络电视台全面部署多终端业务架构，已建设网络电视、IP电视、手机电视、移动电视、互联网电视五大集成播控平台，通过部署全球镜像站点，已覆盖全球 190 多个国家及地区的互联网用户，并推出了英、西、法、阿、俄、韩 6 个外语频道以及蒙、藏、维、哈、朝 5 种少数民族语言频道，建立了拥有全媒体、全覆盖传播体系的网络视听公共服务平台。

◇ 四、稳步实现三网融合

所谓三网融合，是指电信网、广电网、互联网在向宽带通信网、数字电视网、下一代互联网演进过程中，其技术功能趋于一致，业务范围趋于相同，网络互联互通、资源共享，能为用户提供话音、数据和广播电视等多种服务。2010 年 1 月 21 日，国务院印发实施《推进三网融合的总体方案》，明确了三网融合总体目标，

▲ 工作人员在展示三网融合技术 　　　　　　　　（新华社发 李丹/摄）

提出到 2015 年，实现电信网、广电网、互联网融合发展，新型信息产品和服务不断涌现，网络利用率大幅提高，科技创新能力明显增强，国民经济和社会信息化水平迅速提升，网络信息安全和文化安全保障能力进一步增强等。总体方案提出了分两步走的工作目标，2010—2012 年为试点阶段，2013—2015 年为推广阶段。2010 年 6 月，国务院办公厅印发了三网融合试点方案，并公布了第一批 12 个试点地区（城市）名单。目前，试点工作已取得积极进展。

2014 年 5 月 28 日，中国广播电视网络有限公司在京挂牌运行。舆论认为，该公司有望成为有线电视网络"全国一网"，把广播电视网络建设成为一张可管可控的"绿色网"，一张传播先进文化的"干净网"，一张发布权威信息的"可信网"。

稳步推进三网融合，首先是广播电视媒体除了开发高清电视、视频点播、互动电视、政务信息、远程教育医疗、电子商务等数字广播电视网络多样化服务外，还可以经营增值电信业务、比照增值电信业务管理的基础电信业务、基于有线电视网络提供的互联网接入业务、互联网数据传输增值业务、国内 IP 电话业务等，为广播电视产业发展培育新的增长点。其次，在确保国家安全和文化安全的条件下，一些符合条件的国有电信企业允许进入广播电视领域，可以从事除时政类节目之外的广播电视节目生产制作，也可以从事互联网视听节目信号传输、转播时政类新闻视听节目服务以及除电台电视台形态以外的公共互联网音视频节目服务和 IP 电视传输服务、手机电视分发服务等，这为广播电视节目的传输提供了新的通路，对于进一步扩大广播电视传输覆盖范围、提高广播电视影响力有重要的意义。

第三节　加强国际传播能力建设

加强国际传播能力建设，是构建和发展现代传播体系的重要内容之一。在新的时期，着力扩大对外宣传，建设全球传输覆盖网络，加强对外文化交流合作，切实增强中国国际舆论话语权，提升中华文化国际影响力，从根本上改变"西强我弱"的传播格局，是一项十分重要而又紧迫的任务。

◇　一、强大的媒体是衡量一个国家传播能力的重要标志

纵观西方发达国家的文化产业发展实践，它们都具有一批实

力很强、影响力大的国际跨国传媒集团，比如美国的新闻集团、迪士尼、维亚康姆、时代华纳、美国有线电视新闻网、谷歌、脸谱网，英国的广播公司，日本的放送协会，德国的贝塔斯曼集团，卡塔尔的半岛电视台等。这些巨型的传媒"航空母舰"在垄断世界新闻信息发布的同时，也在国际舆论中掌控着话语权、主导权。

新中国成立初期，我国仅拥有 1 家通讯社、315 种报纸和 34 座广播电台，这对于当时 4 亿人口的中国来说人均媒体拥有量相对很小。经过六十多年的迅猛发展，中国一跃成为世界媒体大国，当今中国媒体市场总体呈现媒体类型多样、机构数量众多、传统媒体与新兴媒体并存发展、融合共进等发展特点。

新时期以来，我国统筹报刊、通讯社、广播、电视、互联网等多种媒体，统筹有线、无线、卫星和互联网等技术手段，积极构建和发展以中央级重点媒体为龙头的现代传播体系建设，信息传播渠道不断拓展，采集传输网络初具规模，发行覆盖范围得到扩大，专业传播队伍逐步成长。我国重点媒体在传播中国声音、讲述中国故事、表达中国立场、增强向世界准确说明中国的能力、扩大中国在世界的影响力等方面发挥了重要作用。截至 2012 年年底，全国拥有 1918 种报纸、9867 种期刊、两大通讯社、2579 家电台电视台以及上百万家互联网、手机等新兴媒体。中国正由世界媒体大国向世界媒体强国迈进。

经过多年发展，我国重点媒体已经具备了打造国际一流媒体的良好基础和条件。人民日报建设新闻资源系统，加快海外版数字化转型；中央人民广播电台加强了藏、维、哈语节目制作和在中亚国家的落地；中国国际广播电台建成 8 个地区总站、32 个记者站和

23 个海外节目制作室，播出语种达 38 个，遍布 70 多个国家；中央电视台海外记者站达 63 个，开播英语、西班牙语、法语、俄语、阿拉伯语、汉语 6 种语言 7 个国际频道，在 141 个国家和地区落地，海外用户超过 2 亿；中国日报形成国内旗舰版、美国版、欧洲版、亚洲版共同发展的局面，人民网、新华网、中国网络电视台影响力不断增强；等等。

新华社是我国国家通讯社和世界性通讯社，目前已在全国各省（自治区、直辖市）以及香港、澳门特别行政区设有 33 个分社，在台湾地区派有驻点记者，在境外设有 140 多个分支机构，建立了比较健全、覆盖全球的新闻信息采集网络，每天 24 小时不间断用中、英、法、俄、西班牙、阿拉伯、葡萄牙、日语 8 种语言向全球用户提供文字、图片、图表、音频、视频、网络、手机短信等各类新闻和经济信息产品。中国新闻社是主要面向港澳同胞、台湾同胞、华侨华人和一切关心中国、懂中文的人提供新闻、文化服务的通讯社，在我国内地的 27 个省、自治区、直辖市设有 58 个分支机构。在我国台湾地区进行驻点采访，在我国香港、澳门特别行政区，在美国、俄罗斯、英国、法国、澳大利亚、日本、加拿大、泰国、马来西亚也建有分支机构。

与国际传媒巨头相比，我国重点媒体在制播能力、传播能力、新媒体发展能力、经营管理能力等方面还有明显的差距，国际舆论影响力、国际事务话语权还相对较弱。必须采取有力措施，加快打造语种多、受众广、信息量大、影响力强、覆盖全球的国际一流媒体，实现中国重点媒体国际传播能力的跨越式发展，让我国主流媒体的图像、声音、文字、信息更广泛地传播到世界各地。

✧ 二、坚持硬件和软件并重

打造国际一流媒体，要立足中国媒体发展实际，充分借鉴跨国传媒有益经验，同步推进基础设施建设和信息内容建设，做到硬件与软件并重。

一是完善新闻信息采集网络。把新闻触角延伸到世界各地，提高采编播发综合业务能力，特别是能够做到现场报道、权威报道重要国际新闻事件，努力提高新闻信息原创率、首发率、落地率。

二是加强国际话语体系建设。在深入研究国外受众心理特点和接受习惯的基础上创新话语表达方式，着力打造融通中外的新概念、新范畴、新表述，运用国外受众听得懂、易接受的方式和语言讲好中国故事，传播好中国声音，形成富有特色的中国话语。

三是加强本土化建设。积极引进本土优秀人才，建立本土化公司，逐步实现信息采集、编辑制作等业务流程的本土化运作，切实增强传播实效。

四是扩大海外传播发行、落地覆盖。在巩固传统传播方式的同时，积极利用互联网等新技术手段完善全球传输覆盖网络，扩大在境外的覆盖面。要注重培育市场化、专业化的营销主体，构建符合市场运作规律、覆盖广泛的营销体系，不断提高新闻信息产品营销能力。

▌本章小结 ▌……………

构建技术先进、传输快捷、覆盖广泛的现代传播体系，形成与综合国力和国际地位相称的传播能力，是中国媒体面临的一项十分重要而紧迫的战略任务。必须加强重要媒体建设，强化阵地意识，推动传统媒体向现代媒体的转型发展，推动传统媒体与新兴媒体的融合发展。加强媒体传输渠道建设，加快完善现代报刊发行网络，积极推动广电传输覆盖网络由单一传输覆盖功能变成固定、移动、宽带全领域的覆盖，扎实稳步推进三网融合工作。坚持硬件和软件并重，加强国际传播能力建设。

名 词 解 释

全媒体：指媒介信息传播采用文字、声音、影像、动画、网页等多种媒体表现手段（多媒体），利用广播、电视、音像、电影、出版、报纸、杂志、网站等不同媒介形态（业务融合），通过融合的广电网络、电信网络以及互联网络进行传播，最终实现用户以电视、电脑、手机等多种终端均可完成信息的融合接收，实现广大用户在任何时间、任何地点和以任何终端获得其想要的信息。

直播卫星或直接广播卫星（DBS）：指通过卫星将视像、图文和声音等节目进行点对面的广播，直接供广大用户接收。按照国际电信联盟（ITU）规定，卫星直播属于卫星广播业务（BSS）。直播卫星与卫星节目传输不同，后者通过卫星进行点对点（或多点）传输，把节目传送给地面广播电台或有线电视台进行转播，属于固定卫星业务（FSS）。目前，中国主要通过中星6B和中星9号直播卫星为有线电视网络未通达的农村地区提供广播电视公共服务。

✎ 思 考 题

1. 现代传播体系建设的主要内容是什么？请结合有关材料，指出中国在构建现代传播体系上与西方跨国传媒巨头的差距。

2. 什么是三网融合？广播电视部门推进三网融合有什么重要作用？

第 八 章

传承中华文化遗产

在五千多年文明发展进程中，中华民族创造了博大精深的灿烂文化，留下了丰富多彩的文化遗产。文化遗产包括物质文化遗产和非物质文化遗产。物质文化遗产，是历史文化的物质载体，是不可再生的实物遗产。非物质文化遗产，是依托于人而存在的活态遗产，强调以人为核心的技艺、经验和精神，其特点是活态流变。传承中华文化遗产，对于倡导社会主义核心价值观、满足人民群众文化需求、增强国家文化软实力，具有重要意义。

第一节　文物保护成效显著

2013年12月30日，习近平在中共中央政治局第十二次集体学习时指出："要系统梳理传统文化资源，让收藏在禁宫里的文物、陈列在广阔大地上的遗产、书写在古籍里的文字都活起来。"让文物说话，努力展示中华文化独特魅力，努力夯实国家文化软实力根基，增强做中国人的骨气、底气和志气，坚定全体人民振兴中华、实现中国梦的信心和决心，在世界面前树立当代中国的形象，这是文物事业的重要任务和历史使命。

◇ 一、文物保护体系不断完善

在现代化进程中，文物保护受到越来越严峻的挑战。全球气候变暖以及极端天气的频繁出现对文物造成很大影响，大规模的城镇化建设和新农村建设使文物保护面临新的考验，来自旅游方面的压力尤其突出，加强文物保护是一项刻不容缓的任务。

党和政府历来高度重视文物工作。1982 年 11 月 19 日，《中华人民共和国文物保护法》（以下简称《文物保护法》）颁布施行，这是我国在文化领域的第一部法律。各级政府及其文物部门贯彻《文物保护法》，坚持"保护为主、抢救第一、合理利用、加强管理"的文物工作方针，保护领域不断拓宽，保护体系不断完善，保护能力不断增强，博物馆建设方兴未艾，社会参与热情日趋高涨，文物事业整体呈现出蓬勃发展的良好态势。

文物工作属于资源依托型的工作，资源数量、保存状况是决定文物工作需求和发展方向的刚性依据。我国分别于 1956 年、1981 年、2007 年启动开展了三次全国文物普查，基本摸清不可移动文物的家底和保存状况。2012 年，全国第一次可移动文物普查全面启动，计划用 5 年时间全面掌握各类国有单位收藏保管可移动文物的总体情况。

文物保护的法律制度已经形成，文物保护工作各个方面基本实现有法可依。截至 2013 年，以《文物保护法》为核心，涵括法律、行政法规、地方性法规、行政规章、规范性文件、标准、规划、国际公约、双边协定等多层次多形式的文物法律文件总数达到 500 件以上，开展新一轮《文物保护法》修订的前期研究和立法调研，《文物保护法》修订已被列入十二届全国人大五年立法规划和国务院立法工作计划。中国于 1985 年加入《保护世界文化和自然遗产公约》。截至 2014 年，中国世界遗产总数达到 47 项。其中，由中、哈、吉三国联合申报的丝绸之路，是首例跨国合作、成功申遗的项目。丝绸之路横跨欧亚大陆，22 个遗产点在中国。

经费保障是文物工作有效开展的前提，也是各级政府的应尽职责。中央财政设立国家重点文物保护专项补助资金，专项补助资金实行项目库管理，适当向民族地区、边远地区、贫困地区倾斜。"十一五"以来，文物保护经费持续实现了较大幅度递增。2013 年，中央财政文物支出 140 亿元，其中国家重点文物保护专项补助资金 70 亿元，博物馆免费开放专项资金 30 亿元，地方文物保护经费投入也大幅增加。

2005 年，国务院决定每年六月的第二个星期六为中国"文化遗产日"。每年的文化遗产日和国际博物馆日，主场活动影响广泛；以文博宣传活动为主轴的 4—6 月全国性文化遗产宣传季品牌效应初步显现；开展重点工作和重大项目的专题宣传，做好文物信息公开和新闻发布，提高文物舆情监测、研判和处置能力，营造良好发展氛围。

围绕党的十八大提出的到 2020 年全面建成小康社会的战略任务，国家文物局制定了 2020 年文物事业发展目标体系，从管理体系、保护效果、社会作用、国际地位、政策保障等方面构建事业发展中长期目标任务。

✧ 二、文物保护能力整体提高

中华民族的文化基因流淌在炎黄子孙的身体里，也附着在历史文物上。保护文物和合理利用文物，必须抓住文物工作的关键环节，整体提升文物保护能力。

第一，加强不可移动文物保护。我国对不可移动文物实行登记公布保护制度，让更多文物资源纳入依法保护范围。凡登记公布的不可移动文物，各级政府根据历史、艺术、科学价值，分别确定为全国重点文物保护单位、省级文物保护单位、市县级文物保护单位，扎实做好"四有"工作（有保护范围、有保护标志、有记录档案、有保护机构或专人管理）。截至 2013 年，全国登记的不可移动文物为 766722 处，其中国务院核定公布了全国重点文物保护单位计 7 批，共 4296 处，① 各地核定公布了省级文物保护单位 14816 处，市县级文物保护单位 98316 处。文物保护单位应当制定专项保护规划，文物保护工程应当依据批准的规划进行。承担文物保护工程的勘察、设计、施工、监理单位必须具有国家认定的文物保护工程资质。全国重点文物保护单位保护规划应当在省级文物行政部门指导下，由所在地县级以上人民政府组织编制。省级人民政府在批准公布全国重点文物保护单位保护规划前，应征得国家文物局同意。重大项目是示范引领文物事业发展的重要支撑。全国统筹实施了一批文物本体修缮、保护实施建设和环境整治项目，有效排除文物险情和重大文物安全隐患，发挥重大项目的导向作用和社会效益。比如，山海关长城保护工程

---

① 截至 2013 年年底，国务院公布了国家历史文化名城 123 座，住房和城乡建设部、国家文物局公布了 5 批中国历史文化名镇 181 座、中国历史文化名村 169 座。

总投资 2 亿元，是新中国成立以来长城保护工程的典范。西藏布达拉宫、罗布林卡、萨迦寺三大重点文物保护维修工程总投资 3.8 亿元，是西藏文化遗产保护工作的一项重大成就。四川汶川地震灾后文物抢救保护工程总投资 25.1 亿元（计 245 个项目），为促进灾区重建家园作出了积极贡献。2011 年启动的承德避暑山庄及周围寺庙文化遗产保护工程总投资 6 亿元，极大地改善了避暑山庄及周围寺庙的保护现状。实施《大遗址保护"十二五"专项规划》，形成以 150 处大遗址为支撑的大遗址保护格局。截至 2013 年，公布两批 24 个国家考古遗址公园和 54 个国家考古遗址公园立项名单。成立国家文物局水下文化遗产保护中心，组织沿海海域和内陆水域的水下文物调查，赴南沙海域开展远海水下考古和执法巡查，完成"南海Ⅰ号"古沉船整体打捞，中国第一艘考古工作

▲ 雨过天晴

船建成下水。

第二，提升博物馆建设和社会服务水平。全国博物馆由 1978 年的 349 个增长到 2013 年的 4165 个，其中国有博物馆 3354 个，民办博物馆 811 个。博物馆门类日益多样化，专题博物馆发展迅速，办馆主体趋于多元化，行业部门举办的博物馆和企业、团体、个人等社会力量兴办的博物馆日渐增多。对博物馆管理，建立定级评估和运行评估制度。截至 2013 年，中央地方共建国家级博物馆 11 个，国家一级博物馆 96 个、二级博物馆 226 个、三级博物馆 408 个。开展中央地方共建国家级博物馆、国家一二三级博物馆、民办博物馆和生态博物馆运行评估，推广全国博物馆十大陈列展览精品，提升博物馆的专业化水平。注重改善文物藏品保存和展示环境，降低文物藏品腐蚀率。截至 2013 年，全国文物系统博物馆藏品 3840.8 万件（套），其中一级文物 8.4 万件（套）；全国 100 个一级风险单位的博物馆全部达到安全技术防范标准。公共博物馆实行免费开放，截至 2013 年，免费开放博物馆 2780 个，其中享有中央财政专项资金补助的 1804 个；全国博物馆举办陈列展览 2.2 万个／年，接待观众 6.4 亿人次／年。对民办博物馆，实行鼓励、引导和扶持发展政策，建立国有博物馆对口支援民办博物馆的工作机制。2013 年，中央财政专项资金为民办博物馆发展安排奖励资金 1 亿元。建立了较为完善的文物经营资质和文物拍卖标的审核管理制度，文物市场经营主体、流通范围趋向多样化，民间文物收藏呈现快速发展态势，实现了由国家统管专营向依法管理的转变。截至 2013 年，国家文物进出境审核机构达到 17 个，文物拍卖企业达到 393 个。

ⓘ _ 案 例 _

平 安 故 宫

北京故宫博物院游客量基数大，增速持续攀升，2002年 700 万人次，2012 年剧增到 1530 万人次，十年间游客量翻了一番多，是中国世界文化遗产和中国百强旅游景区的双料"票房冠军"，也是观众人数全球第一的博物馆。每年 7 月中旬到 8 月下旬出现持续的游客高峰，每天观众接待量达 10 万人次左右。目前，故宫博物院正在探索扩大开放面积、腾退办公科研单位、建设海淀西玉河综合业务基地、成立故宫研究院、实施故宫平安工程等措施，延续紫禁城的容颜。

第三，增强文物安全防范能力。坚持"安全第一、预防为主；属地管理、单位负责；打防结合、综合治理"，建立全国文物安全工作部际联席会议制度，健全文物安全责任体系，构建文物安全长效机制。推行文物安全公示公告制度，对重大文物案件和安全事故进行通报，对文物行政执法和安全监管情况进行公示，主动接受社会、舆论和公众监督。各级文物部门持续开展文物安全大检查和文物安全隐患排查整治行动，加强源头管控，强化末端守护，完善县、乡、村三级文物安全保护网络。推进文物平安工程，开展文物、博物馆单位安全管理达标建设，实施文物安全防范设施建设工程。开展文物安全执法动态监管试点，全面部署田野文物安全防范工作。推进科技手段应用，提升文物博物馆单位防盗、防火、防雷、防破坏、防恐怖袭击的技术能力。各级文物部门不断完善督察机制，定期开展文物执法巡查，严肃查处文物违法案件。加强联合执法，与公安部、海关总署建立联合防范打击文物犯罪工作机制，联合督办重大文物犯罪案件和重大走私文物案件，适时开展打击文物犯罪专项行动，始终保持对盗劫、盗掘、倒卖、走私文物犯罪活动的高压态势。国家文物局与国家海洋局在我管辖海域开展水下文物联合执法巡航专项行动，确保水下文物安全。发挥全国文物犯罪信息中心职能作用，建好、用好全国文物犯罪信息管理系统，为防范打击文物犯罪提供技术支持。

第四，加强文物人才、科技和对外交流工作。加强文博领域领军型人才、科技型人才、技能型人才、管理型人才培养，扩大培训规模，对接业务需求。加强与高等院校合作开展学历教育和专业培训，扩大与高职院校合作培养技能型人才规模。研究制定文物修复师、考古探掘师和古建筑修缮技工新增职业评价标准，推动纳入国家职业分类大典，搭建技能型人才成长通道。加强协同创新，促进文物保护与科技应用的融合。截至 2013 年，成立 1 个国家工程技术研究中心（敦煌研究院），组建 22 个国家文物局重点科研基地和3 个文物保护领域创新联盟，探索建立实体研发组织与虚拟研发平台相结合的科技创新组织模式。加强国家科技计划项目管理，推进文物保护装备产业化及应用计划，实施文物保护科技优秀青年研究计划。创新文物保护科技成果推广模式，建立科技成果评价制度。深入实施"指南针计划"，与上海市政府共建国家"指南针计划"专项青少年基地，与中国科协开展中国古代发明创造国家名录认定工作。按照外联、外展、外援、外研四个方面统筹文物外事工作，构建全面多元的对外文物交流合作机制。政府间合作更加深化，截至 2013 年，与 18 个国家签署关于防止盗窃、盗掘和非法进出境文化财产的政府间双边协定，推进柬埔寨吴哥窟、乌兹别克斯坦希瓦古城和蒙古国辽代古塔保护修复等对外文物援助项目。与国际组织的交流更加密切，我国首次成功举办了第 28 届世界遗产委员会会议、第 22 届国际博物馆协会会议、国际古迹遗址理事会顾问委员会和执行委员会会议，成功当选 1970 年公约首届附属委员会委员国。文物出入境展览更加丰富，每年举办进出境展览 80 个，成为传播中华文明的国家名片。与台、港、澳的互动更加活跃，有力促进了两岸四地的文化认同。

第二节　非物质文化遗产传承有序

非物质文化遗产植根于民间、生长于民间、繁荣于民间，体现了中华民族特有的生活方式、道德观念、审美趣味和艺术风格。

✧　一、非物质文化遗产保护卓有成效

随着经济全球化趋势的增强和现代化的迅猛发展，非物质文化遗产的保护与传承面临着一些新情况、新问题。非物质文化遗产赖以生存的环境不同程度地遭到破坏，一些传统习俗发生改变，许多文化记忆渐趋淡化，祖祖辈辈传承下来的优秀文化艺术逐渐被遗忘，有些种类面临消亡的危险，一些掌握绝活的艺人年龄老化，后继乏人，一些依靠口传心授的非物质文化遗产正在不断消失。

党中央、国务院高度重视非物质文化遗产保护工作，组织开展

▲ "中国—阿拉伯国家非物质文化遗产精品展"开展 （新华社发　许睿／摄）

了一系列卓有成效的工作。从 20 世纪 50 年代起，组织广大基层文化工作者对部分民族民间文化遗产进行了调查和研究，使许多濒临消亡的民族民间文化瑰宝得到抢救、挖掘和整理。1979 年，文化部会同国家民委、中国文联等共同发起了 10 部《中国民族民间文艺集成志书》的调查、整理、编纂工作。2003 年，文化部牵头启动了中国民族民间文化保护工程试点工作。2004 年，我国加入联合国教科文组织《保护非物质文化遗产公约》。2005 年，《国务院办公厅关于加强我国非物质文化遗产保护工作的意见》和《国务院关于加强文化遗产保护的通知》相继印发，明确了非物质文化遗产保护的方针和政策。2011 年 6 月 1 日，《中华人民共和国非物质文化遗产法》（以下简称《非物质文化遗产法》）正式施行，标志着非物质文化遗产保护真正步入有法可依、依法保护的新阶段。

贯彻"保护为主、抢救第一、合理利用、传承发展"的非物质文化遗产保护方针，逐步建立起具有中国特色、较为完备的非物质文化遗产保护体系。2005—2009年，文化部开展了全国非物质文化遗产普查，非物质文化遗产资源总量达到近87万项。

建立非物质文化遗产代表性名录和传承人制度。2006年、2008年和2011年，国务院公布了三批共1219项国家级非物质文化遗产名录项目。截至2012年，各省（自治区、直辖市）公布了8566项省级非物质文化遗产名录项目、地（市）级非物质文化遗产名录项目18186项、县级非物质文化遗产名录项目53776项；文化部命名公布了四批国家级非物质文化遗产名录项目代表性传承人1986名，批准设立了国家级文化生态保护实验区15个；各省（自治区、直辖市）命名公布了省级非物质文化遗产名录项目代表性传承人9564名，建立了非物质文化遗产展示、传习设施逾1000处。截至2013年，我国已有昆曲、古琴艺术、新疆维吾尔木卡姆艺术、蒙古族长调民歌、端午节、中国书法、中国珠算等30个项目被列入联合国教科文组织《人类非物质文化遗产代表作名录》，羌年、中国木活字印刷术等7个项目被列入《急需保护的非物质文化遗产名录》，"福建木偶戏后继人才培养计划"被列入"优秀实践名册"。中国是世界上入选名录项目最多的国家。

政府资助非物质文化代表性传承人开展传习活动。政府出资提供经费补助是鼓励传承人开展授徒、传艺、交流活动的有效措施。中央财政对国家级非物质文化遗产代表性项目的代表性传承人，自2008年起按每人每年8000元标准予以资助，自2011年起资助额度增加到每年1万元。浙江省自2007年起对年满65岁至69周岁的代表性传承人，每人每年给予 3000 元补贴；年满 70 周岁以上的代表性传承人，每人每年给予 4000 元补贴。山东省自 2010 年起对省级非物质文化遗产代表性传承人，每人每年给予 6000 元资助。重庆市制定了《重庆市非物质文化遗产代表性传承人扶助办法》，采取与国家级传承人签订传承协议书的办法，依据传承效果分期拨付传习补贴，对国家级传承人每人每年给予 2000 元配套补助，对市级传承人每人每年给予 5000 元补助。

◇ 二、建立非物质文化遗产保护长效机制

第一，牢固确立以"人"为载体的保护机制。非物质文化遗产是以"人"为载体，是"活着的"文化遗产。非物质文化遗产保护必须紧紧抓住以"人"为载体的特点，把传承人保护放在关键地位，注重加强非物质文化遗产传承人保护机制建设，一切工作都围绕着"人"进行。通过评选命名一批国家级、省级非物质文化遗产项目代表性传承人的方式，提高传承人的社会地位；每年资助传承人一定的传习经费，为开展传承工作提供资金支持；开展展示馆、传习所等基础设施建设，为传承人提供展示传习场所；实施抢救性保护，把代表性传承人的抢救性记录放在首位；推进非物质文化遗产生产性保护，为传承人带来更多的收益和实惠；组织传承人进行非物质文化遗产保护公益性宣传展示活动，发动更多的人参与保护工作。

第二，不断完善非物质文化遗产保护方式方法。遵循抢救第一的原则，对濒危的非物质文化遗产项目和年老体弱的代表性传承人采取抢救性保护措施，通过数字化信息采集记录，使濒危的项目和

代表性传承人掌握的丰富知识和精湛技艺转化为有形的信息形式，为后人留下珍贵的文化基因。在保持非物质文化遗产传统技艺的基础上，对传统美术、传统技艺、传统医药药物炮制类和饮食文化类非物质文化遗产项目进行合理的生产、开发，增强自身造血机能，促进传统技艺的传承、利用和发展，推动非物质文化遗产更好地融入社会、融入民众、融入生活，丰富、滋养当代人的精神生活。以设立文化生态保护区的方式推动非物质文化遗产整体性保护，是我国非物质文化遗产保护实践的又一重要创举。文化生态保护实验区既对区域内民间文学、传统音乐、传统戏剧、曲艺、传统美术、手工技艺、民俗活动等非物质文化遗产进行有效保护，也重视民居、古建筑、历史街区和村镇、重要文物等与非物质文化遗产密切相关的物质文化遗产保护，还兼顾自然和文化生态环境，保护文化生态空间的完整性和文化资源的丰富性。

第三，统筹兼顾新型城镇化与非物质文化遗产保护。在新型城镇化进程中，一方面要保护好乡村文化生态，鼓励非物质文化遗产传承人依托非物质文化遗产资源优势在遗产原生地因地制宜地开展传承活动，繁荣当地文化生活，保持区域文化特色，激发传统乡村活力，实现非物质文化遗产保护与乡村发展相互促进；另一方面要在城乡结合部旧城改造和城市公共文化服务中，将非物质文化遗产保护规划列入当地经济社会发展总体规划，同等考虑当地原生非物质文化遗产和随新市民迁延的非物质文化遗产，在公共文化设施建设中增设非物质文化遗产传承展示场所并支持传承人开展传承展示活动，营造有利于非物质文化遗产传承发展的良好环境，使其成为文化再创造和文化认同以及文化自信、文化自强的源泉。充分发挥专家、学者作用，开展理论研讨和社会调查，鼓励各种形式的非物质文化遗产保护研究，为城镇化进程中的非物质文化遗产保护提供智力支持。培育发展各类非物质文化遗产保护组织，为社会力量参与城镇化进程中的非物质文化遗产保护创造有利条件。

第四，加强《非物质文化遗产法》配套法规建设。立法保护是非物质文化遗产得到有效保护的坚实保障。依据《非物质文化遗产法》的有关规定，加快制定相关部门规章、实施办法和地方性条例，健全非物质文化遗产保护法律制度体系。随着非物质文化遗产保护工作日益深入和社会转型期出现的新情况、新问题，在保护实践中要不断发展和完善各种保护的方式方法，不断修改完善各项法律规章。

第五，充分发挥专家作用。文化部成立国家非物质文化遗产保护工作专家委员会，建立非物质文化遗产保护工作专家咨询、督导制度，支持专家学者开展非物质文化遗产重大理论和实践研究，组织专家对广大非物质文化遗产保护工作者开展培训。地方文化部门也成立相应的非物质文化遗产保护工作专家委员会，建立地方专家参与非物质文化遗产保护工作的制度机制。一大批既精通专业理论又有实践经验的专家学者积极投身非物质文化遗产保护工作，从理论层面和实践层面对非物质文化遗产保护进行研究、探索与指导，为科学保护非物质文化遗产提供重要的决策参考和智力支持。

第三节　拓展文化遗产传承利用途径

保护和利用是文化遗产事业历久弥新的主题，也是文化遗产工作互为依托的两项重要内容。建设社会主义文化强国，需要高度重视并认真做好文化遗产合理利用、传承弘扬，坚持不懈、久久为功。

✧ 一、充分发挥文物资源的社会服务功能

统筹文物保护与利用，充分发挥文物资源在传承优秀传统文化、弘扬社会主义核心价值观、满足人民精神文化需求中的作用，将文物利用摆上更加突出的位置，贯穿文物工作的全过程。

文物开放单位、博物馆要进一步强化社会教育功能，提升展陈水平，努力建设成为优秀传统文化挖掘整理、宣传展示、普及弘扬、对外传播的文化中心，成为爱国主义教育、社会主义核心价值观培育和科学知识普及的重要阵地，成为国民教育的重要课堂。深入挖掘和充分阐释文物资源的历史文化价值，推动形成系列反映民族历史、展现民族精神的优秀展览，形成系列宣传爱国主义、彰显时代精神的精品力作。建立国有馆藏文物资源共享机制，提高馆藏文物展出率，推动馆藏文物活起来。配合国家外交大局和丝绸之路经济带国家战略，形成中国内涵、国际表达的对外文物展览系列，为海外中国文化中心制作与配发"文物带你看中国"数字产品，做好海上、陆上"丝绸之路"的文物保护和陈列展览。进一步加强与教育部门协作，建立中小学生定期集体参观博物馆长效机制，促进博物馆与学校教育的紧密结合。充分利用博物馆资源，开发适合青少年教育的设施和数字化课件，通过远程教育网络，普及文化遗产知识，保障农村青少年文化鉴赏权益。

发布乡土建筑、工业遗产、名人故居保护利用导则，探索形成不同类型文物资源的多种利用方式。实施文物保护样板工程，开展古村落古民居综合保护利用试点。所有具备开放条件的大遗址、国家考古遗址公园和古建筑要扩大开放，发展旅游，发挥改善环境、惠及民生、促进发展的作用。完善基本建设考古勘探管理，服务国家重大基本建设项目。指导文博衍生产品开发，举办博物馆及相关产品与技术博览会，促进文物关联产业、创意产业发展。加强高新技术特别是物联网技术在文物保护、展示、利用中的应用，开展精品文物数字产品制作与推广试点项目。

准确研判新型城镇化的新趋势、新特点，统筹推进新型城镇化与文物保护利用的互补双赢。2014年2月25日，习近平在北京市考察工作时强调：历史文化是城市的灵魂，要像爱惜自己的生命一样保护好城市历史文化遗产。要本着对历史负责、对人民负责的精神，传承历史文脉，处理好城市改造开发和历史文化遗产保护利用的关系，切实做到在保护中发展、在发展中保护。

根据不同地区的自然历史文化禀赋，发展有历史记忆、文化脉络、地域风貌、民族特点的美丽城镇，形成符合实际、各具特色的城镇化发展模式。加强人文城市建设，发掘城市文化资源，强化文化传承创新，把城市建设成为历史底蕴厚重、时代特色鲜明的人文魅力空间。注重在旧城改造中保护历史文化遗产、民族文化风格和传统风貌，促进功能提升与文物保护相结合。加强历史文化名城名镇、历史文化街区、民族风情小镇文化资源挖掘和文化生态的整体保护，保存文化记忆，传承历史文脉，慎砍树、不填湖、少拆房。

ⓘ _案 例_

修复风雨桥

全国重点文物保护单位贵州黎平地坪风雨桥在 2004 年 7 月的一场百年不遇的洪水中被冲毁。当地干部群众自发参与抢救保护。他们不顾个人安危，在洪水中奋勇抢救风雨桥，并步行五十多公里找回了被洪水冲走的 73% 的构件。他们不要一分工钱，带上干粮和绳索，像纤夫一样，顶着烈日和未完全退去的洪水，绳拉、人推，沿南江河，一根一根地往地坪方向拉，使重新修复风雨桥成为可能。2006 年 2 月，国家文物局在充分论证的基础上，拨专款用于地坪风雨桥修复。2007 年 7 月，修复工程全面竣工。

◇ 二、加强非物质文化遗产生产性保护

非物质文化遗产生产性保护，是指在具有生产性质的实践过程中，以保持非物质文化遗产的真实性、整体性和传承性为核心，以传承技艺为前提，借助生产、流通、销售等手段，将非物质文化遗产资源转化为文化产品的保护方式。当前，这一保护方式主要在传统技艺、传统美术和传统医药药物炮制类非物质文化遗产领域实施。实施非物质文化遗产生产性保护，既是文化工程，也是惠民工程，不仅能够满足人民群众的精神文化需求，而且能够获取经济收益，提高传承人积极性，促进地方经济发展，符合非物质文化遗产

的传承发展规律。

对非物质文化遗产代表性项目进行开发利用，要认真研究考察非物质文化遗产项目的市场潜力和发展环境，防止一哄而上，盲目发展。要增加非物质文化遗产产品、服务的个性魅力和文化价值，防止以假乱真、粗制滥造等破坏非物质文化遗产项目的违法行为，力戒用现代机器和科技进行批量复制、搞假冒伪劣。要充分尊重并珍视非物质文化遗产代表性项目的真实性，遵循自身发展规律，保护其核心内涵和外在形式，不断提升非物质文化遗产项目的造血机能。2011 年，文化部公布了第一批 41 个国家级非物质文化遗产生产性保护示范基地，树立了一批生产性保护的典型。山西省老陈醋酿造公司把保护传统发酵工艺放在重要位置，依托非物质文化遗产"美和居"老陈醋酿制技艺的价值，在取得经济效益和社会效益的同时传承了传统技艺。青海省唐卡传承人娘本建立了展示热贡艺术、培养专业热贡艺人的热贡画院，每年免费培训 15 名左右家庭贫困的学生并成为热贡艺术传承人，推动了藏族唐卡艺术的生产性保护。

◇ 三、推进文化遗产数字化保护与利用

加强信息化建设，既是推进文化遗产分类管理、精准管理的重要基础，也是实现文化遗产永续保护的技术支撑。

加强现代信息技术在文物博物馆领域的应用推广，提高文博信息化水平。按照整合、提升、效能的原则，统筹整合文物系统数据资源，建立文博业务信息应用平台；打破信息孤岛，实现技术兼容、信息共享，形成统一的文物资源数据库。结合中央、地方和社

▲ 农民晾晒制斗笠的帽坯　　　　　　　　　　　　　（新华社发　宋文／摄）

会的主要需求，研发具有文物工作特点的大数据分析软件，同时对现有信息资源进行数字化和数据化，建成真正能够适合数据分析和应用的资源数据库平台；逐步实现中央与地方文物部门、文博单位数据库平台的互联互通、资源共享和业务协同。加强文物资源的数字化保存与利用能力建设，基本实现国家一二三级博物馆和世界文化遗产、全国重点文物保护单位的数字化。推进智慧博物馆建设，加强文物信息的社会化服务和传播普及工作。

　　深入推进非物质文化遗产数字化保护，促进现代信息科学技术与非物质文化遗产保护的深度融合。数字化保护已经成为非物质文化遗产进行抢救性保护、整体性保护的必要途径和主要手段。国家在中国艺术研究院设立中国非物质文化遗产数字化保护中心，开通"中国非物质文化遗产网"网站，系统介绍我国非物质文化遗产保护工作进展、各地保护工作动态和非物质文化遗产专业知识；开展"非物质文化遗产数字化保护工程（一期）"项目建设，制定数字化保护工程标准和工作规范，开展非物质文化遗产数字化采集项目试点，建设非物质文化遗产资源数据库的项目库、专题库，初步形成包含基础类标准和业务类标准两大方面的数字化标准规范体系，初步搭建非物质文化遗产资源数据库的框架与模型。按照"统筹规划、分步实施；统一标准、共建共享；需求导向、注重实效"的原则，推动建立起适应社会发展、满足工作需要、兼顾各地实际、提供公众服务的非物质文化遗产信息数据库群。

▌本章小结▌ ··············

　　文化遗产包括物质文化遗产和非物质文化遗产。"保护为主、抢救第一、合理利用、加强管理"是文物工作方针，"保护为主、抢救第一、合理利用、传承发展"是非物质文化遗产保护方针，并由此形成了相应的保护体系。保护文化遗产是各级政府的法定职责和应尽义务。要本着对历史负责、对人民负责的精神，正确处理好保护与利用、传承与发展的关系，让历史文化与自然生态永续利用、与现代化建设交相辉映，切实做到在保护中发展、在发展中保护，让全体中国人望得见山、看得见水、记得住乡愁。

名 词 解 释

　　物质文化遗产：具有历史、艺术和科学价值的文物，包括古遗址、古墓葬、古建筑、石窟寺及石刻、壁画、近现代重要史迹及代表性建筑等不可移动文物，历史上各时代的重要实物、艺术品、文献、手稿、图书资料等可移动文物，以及在建筑式样、分布均匀或与环境景色结合方面具有突出普遍价值的历史文化名城（街区、村镇）。

非物质文化遗产：各族人民世代相传并视为其文化遗产组成部分的各种传统文化表现形式以及与传统文化表现形式相关的实物和场所。包括传统口头文学以及作为载体的语言，传统美术、书法、音乐、舞蹈、戏剧、曲艺和杂技，传统技艺、医药和历法，传统礼仪、节庆等民俗，传统体育和游艺以及其他非物质文化遗产。

✎ 思考题

1. 如何正确理解文化遗产是财富而不是包袱？
2. 结合《国家新型城镇化规划（2014—2020年)》，谈谈如何统筹兼顾好新型城镇化建设与文化遗产保护利用。
3. 结合非物质文化遗产保护现状，谈谈如何保障各级非物质文化遗产项目代表性传承人履行义务，更好地开展传习活动。

第 九 章

提高文化开放水平

　　当前，世界正处在大发展大变革大调整时期，世界多极化、经济全球化、文化多样化、社会信息化加速发展，世界各国正在成为文化、利益交融的命运共同体。中国的发展越来越离不开世界，世界的发展也越来越离不开中国。随着中国经济实力与国际地位的不断提高，文化受到外界越来越多的关注，中外文化交流事业面临着前所未有的机遇和挑战。

第一节　对外文化交流规模空前

　　近年来，中外文化交流蓬勃发展，规模与影响空前扩大，广度与深度不断发展，内容与形式更加丰富，渠道与平台日趋多样，通过综合运用视觉艺术、表演艺术、广电影视、新闻出版、文学社科等多种形式和渠道，形成了全方位、多层次、宽领域、多渠道的交流新格局，向世界主动宣示中国的价值诉求与文化理念，展示了中华文化独特魅力，在国际社会树立起文明、和平、和谐、有担当的大国形象，为保护和促进世界文化多样性发挥了积极作用，为实现中华民族的伟大复兴作出了新的贡献。

◇ 一、凸显文化在外交舞台上的作用

改革开放三十多年来，对外文化工作的方针政策随着国内改革开放不断深入和国际社会的风云变幻，不断作出新的调整和完善。党的十八届三中全会提出提高文化开放水平，扩大对外文化交流，加强国际传播能力和对外话语体系建设，推动中华文化走向世界。习近平进一步强调：要弘扬中华民族优秀文化，讲好中国故事，传播好中国声音。如今，扩大文化交流、提高文化开放水平、实施文化"走出去"战略已成为推动中国社会主义文化大发展大繁荣总体战略的重要内容，成为增强我国文化软实力、建设文化强国的重要

▲ 埃及演员在开罗"马年欢乐春节大庙会"上准备舞龙表演　　(新华社发　潘超越/摄)

手段，成为在全球展示中华文化与文明价值的重要途径。

截至 2013 年，我国已与全球 149 个国家签署了文化交流合作协定，同 160 多个国家和地区保持着良好的文化交流关系，建立了中欧、中英、中非、中阿、东盟 10+3、中日韩、上合组织等近 20 个区域性多边和双边政府合作机制，与 97 个国家签订并执行近 500 个文化交流合作执行计划。在文化合作协定和执行计划的新闻出版领域，我国与超过 50 个国家签订合作协议，与阿盟、伊朗、古巴、土耳其、希腊、美国等国形成互译出版计划，与印度签署了合作出版《中印文化交流百科全书》备忘录。

在文化合作机制框架下，成功举办了美国"中国文化系列活动"及"欧罗巴利亚中国文化节""法兰克福国际书展中国主宾国"活动、"俄罗斯中国文化年""中日文化体育交流年"，中意、中澳、中土互办文化年等上百起国家级文化交流活动，吸引海外民众数千万，持续掀起中国文化热；2013 年，为缅甸承办第 27 届东南亚运动会开闭幕式提供文化援助和技术支持；2014 年，举办中国—东盟文化交流年，启动"东亚文化之都"全年系列活动，极大地提升了中国在亚洲地区的文化影响。

ⓘ_ 案 例 _

"欢乐春节"

春节是全球华人最重要的传统节日，文化部从 2001 年开始，把春节作为弘扬中华文化的重要载体，组派艺术团赴海外各国开展春节文化品牌活动。"欢乐春节"活动名称确定后至今，已连续举办了 5 届，得到了中央各相关部委、各省（区、市）以及各驻外机构的积极响应。2014 年，在世界 112 个国家和地区的 321 座城市举办了 570 多个文化项目。这些项目的类别涉及剧场演出、综艺表演、广场巡游、文化庙会、慰侨欢庆、文博展览、民俗展演、图片展示、图书展销等，已成为迄今为止我国在海外举办规模最大、覆盖最广、影响最远的综合性文化交流品牌活动。

◇ 二、深化思想文化领域交流与对话

思想文化界特别是哲学社科领域的对外交流是层次高、影响深远的文化交流形式。高端的中外思想文化对话活动是实现中国核心价值观"走出去"的重要平台，借助这个新平台，可以宣传阐释中国特色，讲述中国的历史传统、文化积淀、基本国情，解释中国特色的发展道路，传播当代中国的价值理念，中华文化蕴含的核心价值观通过交流与对话得到阐释与传播，得到更多了解和认同，进而提升影响力和话语权。

近年来，我国成功举办了六十余场文化高峰论坛与文化对话。2013 年，首届"汉学家与中外文化交流"座谈会召开。座谈会邀请了来自世界 17 个国家的中国研究专家，与中国学者共同探讨中外文化交流等一系列议题，为中外思想文化领域的对话交流提供了新平台，在国内外产生良好影响。国外学者对于中国文化和价值理念有了深入、客观的理解和认识，无疑将帮助世界各地的普通民众了解中国思想和文化。"中俄旅游文化论坛""敢于信任——首届中

德领袖论坛"等活动的举办，为深化中外文化交流内涵积累了新的成果。中国社会科学院等具有中国特色的学术智库机构"走出去"呈现可喜态势，与海外高等院校、国际学术机构和智库构建机制化交流网络，通过学术渠道开展外宣，培育扶持国际知华友华力量，极大增进了外界对华正面客观的认识。

2011年国务院新闻办发表的《中国的和平发展》白皮书，强调"和"的中国文化传统被海内外认为是这个白皮书的最突出的亮点。走和平发展道路是中国政府和人民继承中华文化的优秀传统、根据时代发展潮流和中国根本利益作出的战略抉择，是中国发展的内在需要。中国文化自古就认为世界应是一个和谐整体，这个观念深深影响了中华民族的思想和行为，成为中国人处理人与人、人与自然乃至国与国关系的重要价值观。中国人民历来崇尚"和而不同""天人合一""以和为贵"的理念，以和谐精神凝聚家庭、敦睦邻里、善待他人。和谐文化培育了中华民族热爱和平的民族禀性。中华民族以"海纳百川，有容乃大"的胸怀，接受一切有益的外来文化，促进了中外文化融合，留下了不少对外文化交流的千古佳话。中国人民具有强烈的集体意识和社会责任感，崇尚"己所不欲，勿施于人"，尊重不同文化、不同观念，注重推己及人、将心比心，不将自己的意志强加于人。对外待之以礼，实行睦近交远。从五千多年文明史中走来的中国人民，继承了中华文化的优秀传统，又赋予这一文化新的时代内涵。

中国的文化立场得到了世界绝大多数国家的理解与支持，中国著名学者、全国人大前副委员长费孝通提出的"各美其美，美人之美，美美与共，天下大同"，成为传诵一时的名言。

✧ 三、吸收借鉴国外优秀文化成果

随着文化开放水平的进一步提高，海外优秀文化大量引入，在交流互鉴、切磋琢磨的过程中，培养了大批优秀文艺、影视和新闻出版界人才，积累了国际化的文化市场经营理念与经验，融入地方经济社会发展和文化建设，满足了人民群众的精神文化生活，促进了社会主义文化建设的创新发展和产业繁荣。

上海国际艺术节、"相约北京"联欢活动、吴桥国际杂技艺术节、新疆国际民族舞蹈节、成都国际非遗节、中国国际马戏节、中国国际合唱节、深圳文博会、北京文化创意博览会等八十多个国际性艺术节、文艺赛事和产业展会日臻成熟。北京国际图书博览会已经成功举办20届，"主宾国""友好城市"等特色单元的设立对提

▲ 第一届中国国际马戏节现场

（新华社发　梁旭/摄）

升会展品质、加深国际交流都起到了积极作用。中国（武汉）期刊交易博览会、中国上海国际图书展等展会大幅度降低我国企业的交流成本，逐步提升业界会展举办能力，提升了我国出版品牌、会展品牌的国际知名度。中国本土的国际影视节展亮点频出。2012年，第十届中国国际影视节目展参展节目数量创历史最多，共展出电视剧、电影、动画、纪录片16245部，10年间参展节目年平均增长50%。第十五届上海国际电影节共有来自全世界106个国家和地区的1600多部长片、上万部短片报名参赛，参赛影片数量创下历史最高纪录。第二届北京国际电影节吸引100多万人次参加，展映54个国家及地区的260部优秀影片，200多个国家和地区的640多家企业参加洽商，有21个项目签约，成交金额达到52.73亿元，创中国内地电影节展签约交易额之最。

各地文化机构与海外建立起机制化合作模式，通过交流引进人才和管理经验。各地还着力营造本地特色文化的品牌影响：湖北推出"荆楚文化走向世界"，新疆举办中国新疆国际民族舞蹈节，黑龙江举办中俄文化大集，吉林推出东北亚文化艺术周，青岛打造"音乐之岛"。此外，"大美青海""多彩贵州风""七彩云南""美丽天津"等一系列地方文化品牌相继涌现。2013年，中、日、韩三国合作启动首届"东亚文化之都"的评选，福建省泉州市成功获选，积极尝试"以文兴城"，成为提升城市的国际知名度与美誉度的杰出代表。

✧ 四、加快对外文化阵地布局

我国主流媒体和文化阵地加快进军海外的整体步伐，广播电视网络、跨国新闻出版企业、中国文化中心纷纷在海外各地扎根立足，让中华文化"走出去"的国际战略部署有了更多"落脚之地"。广播影视从早期通过寄送节目、租机合作、租借卫星，慢慢发展到自主卫星传播、建立海外调频台、借助海外媒体和网络落地、建立网络广播电视网站，不断扩大覆盖范围。2012 年，中国广播电视媒体"走出去"成效明显，以中央电视台、中国国际广播电台等重点媒体为主导的国际传播体系初步建成，中文、英语、西语、法语、阿语、俄语 6 个语种、7 个国际频道在全球 171 个国家和地区落地，海外落地用户总数超过 3 亿户。中国电视长城平台在北美、亚洲、欧洲、拉美、东南亚、澳洲和非洲播出，全球付费用户突破 12 万户，发展成为世界上最大的付费华语电视平台，并有效带动了中央和地方 30 多个中文和外语频道在国际主流电视媒体落地。江苏、广东、浙江、福建、重庆等地方广电媒体，以本省（市）为依托，面向五洲，辐射周边，到 2012 年年底，全国共有 14 个地方国际频道开展对外传播，为周边国家华人华侨及中华文化爱好者了解中国经济、社会、文化信息打开了重要窗口。

据不完全统计，在海外从事图书出版业务的分支机构 28 个，期刊出版业务的分支机构 14 个，报社及新闻采编分支机构 275 个，数字出版企业子公司 15 个，出版物发行网点 65 个（包括网络书店 4 个），通过收购或参股建立的海外网点有 10 个。以中国科学出版集团等为代表的"走出去"企业实体的渠道优势和纽带作用渐渐显现，为国内同行强强联合"走出去"提供了销售和编辑、发行、营销合作的可能。

截至 2013 年，投入运营的海外中国文化中心总数达到 14 个。根据 2012 年 12 月国务院批复的《海外中国文化中心发展规划

(2012—2020 年)》，到 2020 年将在全球建成 50 个海外中国文化中心。全球首家孔子学院 2004 年 11 月 21 日在韩国首尔成立，截至 2014 年 9 月，全球已建立 465 所孔子学院和 713 个中小学孔子课堂，共计 1178 所，分布在 123 个国家（地区），成为汉语教学推广与中国文化传播的全球品牌和平台。《孔子学院发展规划（2012—2020)》明确指出孔子学院未来的发展目标：到 2015 年，全球孔子学院达到 500 所，中小学孔子课堂达到 1000 个，学员达到 150 万人。

第二节　对外文化贸易开创新局

在改革不断深化、经济社会结构深刻调整的今天，发展对外文化贸易，对于优化我国出口结构、推动文化产业成为国民经济支柱性产业、不断提升中华文化的国际影响力意义重大。

✧　一、政策引导

近年来，有关部门切实转变政府职能，依法监管，减少行政干预，加大政策支持力度，营造对外文化贸易发展的良好环境。文化部相继印发了《文化部关于促进商业演出展览文化产品出口的通知》，制定了《国家商业演出展览文化产品出国指导目录》，并会同商务部、海关总署和财政部，设立"国产音像制品走出去工程专项资金"，大力扶持出口业绩突出、信誉良好的单位和个人，积极推动我国音像产品出口。此外，文化部还启动了文化经济贸易人才培训计划，加快国家文化产品出口基地认定工作，组织文化产业贸易考察团出国考察，并与欧盟和日韩举办了"文化产业论坛"。

为加大力度促进对外文化贸易，2014 年 3 月，《国务院关于加快发展对外文化贸易的意见》正式印发，明确了支持重点，强调加大财税支持、强化金融服务和完善服务保障等政策措施，并要求坚持统筹发展，将发展文化产业、推动对外文化贸易与促进经济结构调整、产业结构优化升级相结合，与扩大国内需求、改善人民群众生活相结合，促进服务业发展、拉动消费和投资增长。

2013 年，国务院批准设立了中国（上海）自由贸易试验区，其中，上海国家对外文化贸易基地已成为自贸区的核心部分，与北京、深圳基地相互呼应，引进国外优秀人才、先进技术、管理经验，吸收外资进入法律法规许可的文化产业领域，推动中外文化产业合作，发挥了极好的示范效应。

在中央统一领导下，文化部、国家新闻出版广电总局等部门共同致力于拓展对外文化贸易，研究制定鼓励政策，建立外向型文化产业聚集区，培育外向型骨干文化企业，拓展文化出口的渠道，打造具有国际影响力的文化交易平台和具有核心竞争力的文化品牌，以演艺、新闻出版、电视、电影、动漫、艺术品和网络游戏等为核心内容，加快中国文化产品走向世界的步伐。

✧ 二、企业主体

发展对外文化贸易，必须着力培育外向型文化企业，鼓励各类文化企业从事对外文化贸易业务，到境外开拓市场，形成各种所有制文化企业积极参与的文化出口格局。

　　《国务院关于加快发展对外文化贸易的意见》强调，鼓励和支持国有、民营、外资等各种所有制文化企业从事国家法律法规允许经营的对外文化贸易业务，并享有同等待遇。进一步完善《文化产品和服务出口指导目录》，定期发布《国家文化出口重点企业目录》和《国家文化出口重点项目目录》，加大对入选企业和项目的扶持力度。

　　据统计，2012 年全国文化产品出口额为 217.3 亿美元，同比增长 16.3%。其中，艺术品出口 5.35 亿美元，网络游戏出口 5.87 亿美元，核心动漫产品 1.32 亿美元，演艺产品出口 0.93 亿美元，视听媒介产品 28.4 亿美元。同年，我国各类出版物进口金额总计 4.68 亿美元，比"十一五"末增长 20.1%，年出口金额达到 4896.69 万美元，比"十一五"末增长 30.3%。共有 40 家企业向海外出口 177 款自主研发的游戏，"走出去"企业数量、出口数量和海外收入都实现了两位数的增长。

　　在"走出去"的进程中，除大型国有文化企业、国家级艺术院团外，许多转企改制的企业以及一大批民营企业，也成为重要力量。2009 年，北京天创国际演艺制作有限公司投资 650 万美元，收购了美国布兰森市的白宫剧院，这是中国演艺企业第一次在海外收购剧院，也是中国演艺产业拓展海外演出产业链条的重要一步。近年来，越来越多的民营文化企业和国有文化企业一起通过直接投资、收购兼并等方式，在海外建立分支机构，实现自主经营，参与国际竞争，其中：华人文化产业投资基金将《中国达人秀》等代表当代中国文化的优秀综艺节目输出海外；俏佳人传媒成功收购美国的国际卫视电视台；深圳华强文化科技赴伊朗投资建设主题公园；北京完美时空网络技术有限公司自主研发的网络游戏《完美世界》已经进入了日本、韩国等游戏大国。

ⓘ _案 例_

万 达 并 购

　　万达文化产业集团除了在本国大力发展外，2010 年开始与全球排名第二的美国 AMC 影院公司洽谈并购，2012 年 3 月正式签署并购协议。万达并购前，AMC 连续 3 年亏损，并购后，万达推出新的薪酬和激励制度，并采用信息化管控等多种措施，2012 年当年就使 AMC 盈利。并购 AMC 后，万达真正做到中国电影全球同步上映，《1942》《泰囧》两部影片在美国上映都与中国同步。万达计划今后每年在美国上映 3—5 部中国影片。同时，万达也正在世界其他地区并购电影院线，努力输出中国文化产品。

◇ 三、市场运作

　　打造我国文化出口竞争新优势，必须发挥市场在文化资源配置中的积极作用，激发社会活力，创新文化内容和文化"走出去"模式。

　　文化产业是内容产业，因此，提高文化产品和服务生产的内涵是关键。我国文化产业起步晚，虽然企业数量众多，但是产业结构不合理，自身规模远低于发达国家的同类型企业，在国际文化贸易中尚缺乏核心竞争力。很多企业由于缺乏自主知识产权，只能为外国企业做代工或者做贴牌，或者出口一些文化产品"零件"，产品附加值很低。

近年来，我国的文化产业更加自觉地去占领附加值较高的产业链前后端，一方面深入挖掘民族文化资源，运用符合时代发展的文化表现形式，把传统元素与时尚元素结合起来，把民族特色与世界潮流结合起来，打造一批具有自主知识产权的知名文化品牌；另一

▲ 杂技剧《天鹅湖》 （新华社发　杨世尧／摄）

方面强化市场意识、营销意识，熟悉和掌握现代营销理念、市场规则，加快营销平台、营销渠道、营销队伍建设，建立健全现代流通组织和流通方式，构建覆盖广泛的文化产品和服务流通网络。越来越多的国内文化企业踊跃参与文化博览会等交易平台和"中国文化年"等重大活动，并且尝到了甜头。

国际市场正在逐步打开。通过探索市场化、商业化、产业化的运作方式，打造出一批具有自主知识产权和国际竞争力的大型文化企业。演艺节目在国际市场的竞争力逐步增强，杂技剧《天鹅湖》、舞台剧《功夫传奇》、原生态歌舞《云南映象》等项目在国外常演不衰。网络游戏产品"走出去"力度不断加大，2010 年国产游戏产品出口规模相比 2009 年增长继续加快，海外市场收入达 2.29 亿美元，较 2009 年增长 116%，出口数量超过百款。

对外文化贸易的方式手段不断创新。中国对外文化集团公司联合投资制作的多媒体舞台剧《时空之旅》，实现了自主品牌、跨界合作、中国元素、国际制作的成功结合，并且以上海等地为根据地，以国外游客为观众主要来源之一，探索"出口不出国"的"走出去"新途径。该公司还与上海东方传媒集团、韩国希杰集团联合推出音乐剧《妈妈咪呀!》中文版，这是以版权贸易形式、按国际标准制作运营世界经典音乐剧中文版的试验性创举。该公司采用"海外战术"，主动出击，比如，"借船航海"，是指与有实力的国外合作伙伴共同投资制作演出产品；"造船出海"，是针对国际观众的欣赏习惯和国外长期巡演的要求，打造拥有自主版权的适销对路产品；"把赛场变市场"，则是借助国际艺术比赛的影响力去开拓国际市场，把赛场与市场有机结合起来。

第三节　进一步提高文化开放水平

在世界范围内，各种文化思潮、价值观念激荡交锋，产生着巨大而深刻的影响。文化与经济、政治、科技深入交融，越来越成为综合国力竞争的重要因素。谁占据文化的制高点，谁拥有主导能力，谁就拥有话语权，拥有强大的国际影响力和竞争力。中华文化能否迈出国门，走向世界，已成为检验中国文化软实力的重要标尺。总体来看，当前我国文化整体实力和国际影响力与我国经济、政治的地位还很不相称，与我国深厚的文化底蕴和文化资源大国的身份还不相称，文化资源优势还没有转化为文化竞争优势。文化产业的规模有限，文化贸易大部分产品还处于逆差，中华文化的国际影响力不够，国际文化格局西强我弱的状况还没有根本改变，推动中华文化"走出去"任重道远。

◇　一、更加注重顶层设计

2000 年，中共中央、国务院印发《关于全国外事管理工作若干规定》，明确文化部归口管理各地区、各部门的对外文化交流工作，并进行政策指导、宏观调控和监督检查。随着改革开放进一步深化，对外交流领域不断拓展，中央各部门、各级地方政府、社会机构、企事业单位乃至个人纷纷参与其中，逐渐形成了主体多元、层次丰富、领域广泛的全方位的对外交流新态势。为了加强对全国对外文化工作的组织指导，增进各部门间的沟通、协调与配合，整合资源、优势互补，形成中华文化"走出去""全国一盘棋"的工作局面，2009 年，国务院批复同意建立对外文化工作部际联席会议制度，以文化部为牵头单位，共由外交、教育、商务、新闻出版、广电、体育、侨办等 12 家部、委、局、办成员单位组成。

2012 年，中共中央办公厅、国务院办公厅印发的《国家"十二五"时期文化改革发展规划纲要》明确提出："坚持改革开放，着力推进文化体制机制创新，以改革促发展、促繁荣，不断解放和发展文化生产力，提高文化开放水平，推动中华文化走向世界，积极吸收各国优秀文明成果，切实维护国家文化安全。"

近年来，对外文化工作发展思路更加清晰，确立了"对外要服务于国家对外工作大局，服务于提升中华文化国际影响力；对内要服务于祖国统一大业和文化强国建设"的工作宗旨，明确了"着力推动中华文化走向世界，展示中国文明、民主、开放、进步的形象，营造良好外部环境，推动建设持久和平、共同繁荣的和谐世界"的总体要求。在文化交流管理政策上，政府与社会双轮驱动，"分级管理、转变职能、整合资源、形成合力"的要求逐步贯彻落实，"以人为本、注重实效，尊重规律、科学发展"的理念越加深入人心，"继承传统、突出当代，中国元素、国际表达"在具体实践中得到体现。在制度建设上，建立了部际、部省、国内外及文化系统内部"四大工作机制"，搭建了立体化开展工作的基本构架，促进了"大文化"的资源整合与统筹协调，以"文化中国"形象塑造为指向，丰富了文化"走出去"战略的主要内涵。

在具体操作过程中，探索出了符合新时期、新形势、新要求的新的工作思路，确定了开展工作的战略重点：突出文化在国家外交大局中的特殊作用，以增进中外文化交流和加强国际文化合作为出发点，强化文化的外交功能；以中国文化的品牌塑造为导向，以国家年、文化年等重大国家级文化交流活动为牵引，系统全面地向外推介中华优秀传统文化和现当代文化，树立"文化中国"形象；以海外中国文化中心、海外落地的新闻出版和广电媒体为主要辐射点，加快国际传播能力和对外话语体系的建设步伐，逐步形成全球范围的科学合理布局；以大力推进对外文化贸易为突破口，以"政府引导、企业主体、市场运作"为主要方式，分层次、分业态和分区域开展工作；以深化思想交流为新的着力点，促进对外文化交流向思想层面提升，进而通过扩大国际多边文化合作，强化文化领域的主导权与话语权；以调动和发挥地方资源优势为依托，不断提升各地举办重大涉外艺术节、影视节、文化会展的国际影响力，推动地方特色文化"走出去"。

✧ 二、加强深层次思想文化交流

加强对"中国梦"的文化阐释，深化文化交流的思想内涵。提高文化开放水平，关键在树立民族文化自信与自尊的基础上，对外展示中华民族优秀传统文化的内核部分，完成核心价值理念的对外传递。我们应更加主动地参与世界文明对话，促进文化相互借鉴，通过多种渠道多种方式，增强中华文化在世界上的感召力和影响力，共同维护文化多样性。同时，创新对外宣传方式方法，增强国际话语权，妥善回应外部关切，增进国际社会对我国基本国情、价值观念、发展道路、内外政策的了解和认识，展现我国文明、民主、开放、进步的形象。

2014年3月27日，习近平在巴黎联合国教科文组织总部发表演讲，向世界表达了中国致力于人类文明共同进步的主张，阐释了中华民族正为之奋斗的中国梦。他指出：一花独放不是春，百花齐放春满园。不论是中华文明，还是世界上存在的其他文明，都是人类文明创造的成果。文明交流互鉴不应该以独尊某一种文明或者贬损某一种文明为前提。中国人在两千多年前就认识到了"物之不齐，物之情也"的道理。推动文明交流互鉴，可以丰富人类文明的色彩，让各国人民享受更富内涵的精神生活，开创更有选择的未来。文明是平等的，人类文明因平等才有交流互鉴的前提。各种人类文明在价值上是平等的，都各有千秋，也各有不足。世界上不存在十全十美的文明，也不存在一无是处的文明，文明没有高低、优劣之分。文明是包容的，人类文明因包容才有交流互鉴的动力。海纳百川，有容乃大。人类创造的各种文明都是劳动和智慧的结晶。每一种文明都是独特的。在文明问题上，生搬硬套、削足适履不仅是不可能的，而且是十分有害的。一切文明成果都值得尊重，一切文明成果都要珍惜。历史告诉我们，只有交流互鉴，文明才能充满生命力。只要秉持包容精神，就不存在什么"文明冲突"，就可以实现文明和谐。

习近平还指出，中国人民正在为实现中华民族伟大复兴的中国梦而奋斗。实现中华民族伟大复兴的中国梦，就是要实现国家富强、民族振兴、人民幸福，既深深体现了今天中国人的理想，也深深反映了中国人自古以来不懈追求进步的光荣传统。实现中国梦，是物质文明和精神文明均衡发展、相互促进的结果。没有文明的继承和发展，没有文化的弘扬和繁荣，就没有中国梦的实现。中华民族的先人们早就向往人们的物质生活充实无忧、道德境界充分升华的大同世界。中华文明历来把人的精神生活纳入人生和社会理想之中。所以，实现中国梦，是物质文明和精神文明比翼双飞的发展过程。随着中国经济社会不断发展，中华文明也必将顺应时代发展焕发出更加蓬勃的生命力。

习近平的讲话，引起在场听众和世界舆论的广泛共鸣，也加深了世界对中国梦的理解。

✧ 三、塑造"文化中国"形象

进一步丰富交流渠道，整合交流平台，把中华文化的价值影响力、品牌竞争力、道义亲和力融入到蓬勃开展的文化交流之中。开展文化交流活动不仅要做到入眼入耳，更要达到入脑入心，要充分考虑各国文化传统、宗教信仰、审美标准，贴近国外受众的文化需求和消费习惯，在"润物无声"的人文交流中，讲好中国故事，传播好中国声音，阐释好中国特色。

习近平在巴黎联合国教科文组织总部的演讲向世界展示了"文化中国"的鲜明形象。他告诉世界，拿破仑曾经说过，世上有两种力量：利剑和思想。从长而论，利剑总是败在思想手下。我们要积极发展教育事业，通过普及教育，启迪心智，传承知识，陶冶情操，使人们在持续的格物致知中更好认识各种文明的价值，让教育为文明传承和创造服务。我们要大力发展科技事业，通过科技进步和创新，认识自我，认识世界，改造社会，使人们在持续的"天工开物"中更好掌握科技知识和技能，让科技为人类造福。我们要大力推动文化事业发展，通过文化交流，沟通心灵，开阔眼界，增进共识，让人们在持续的"以文化人"中提升素养，让文化为人类进步助力。他还强调，每一种文明都延续着一个国家和民族的精神血脉，既需要薪火相传、代代守护，更需要与时俱进、勇于创新。中国人民在实现中国梦的进程中，将按照时代的新进步，推动中华文明创造性转化和创新性发展，激活其生命力，把跨越时空、超越国度、富有永恒魅力、具有当代价值的文化精神弘扬起来，让收藏在博物馆里的文物、陈列在广阔大地上的遗产、书写在古籍里的文字都活起来，让中华文明同世界各国人民创造的丰富多彩的文明一道，为人类提供正确的精神指引和强大的精神动力。

◇ 四、拓宽海外传播渠道

加快跨国文化企业、新闻广电传媒、中国文化中心等海外文化阵地建设的步伐，综合应用传统媒体和新媒体，引导新科技与文化交流的有机融合，扩大文化传播的国际网络和科技含量。

提高文化开放水平，除了要将中国的优秀传统文化资源加以提炼，打造出蕴含中国核心价值观且符合国外受众审美方式的文化产品以外，还要在构建传输快捷、覆盖广泛的文化传播体系的政策指引下，着力拓宽海外传播渠道，打造载体，健全功能，提升数量，加快推进文化自主传播阵地布局，不断增强中华文化价值理念的说服力和认可度。

必须结合深化文化体制改革进程，适应国家现代化总进程，紧紧围绕社会主义核心价值观和社会主义文化强国建设目标，将全国、全社会的各类文化资源纳入视野之内，充分调动地方资源、民间团体、社会组织乃至个人参与文化交流与合作的积极性和主动性，科学谋划，整合资源，合理配置，不断推进对外文化工作治理能力现代化。

▌本章小结▐ ··············

随着中国经济实力与国际地位的不断提高，文化受到外界越来越多的关注，中外文化交流事业面临着前所未有的机遇和挑战。对外文化工作坚持"走出去"与"请进来"并重，文化交流与文化贸易并举，发挥政府和民间两方面作用，形成了全方位、多层次、宽领域、多渠道的交流新格局，向世界主动宣示中国的价值诉求与文化理念，展示了中华文化独特魅力，在国际社会树立起文明、和平、和谐、有担当的大国形象，为保护和促进世界文化多样性发挥了积极作用。要进一步提高文化开放水平，必须更加注重顶层设计，加强深层次思想文化交流，进一步塑造"文化中国"形象，拓宽海外传播渠道，从而扩大中华文化的影响力和亲和力。

名 词 解 释

海外中国文化中心：中国在海外设立文化中心，是随着改革开放不断深入而起步和发展的。1988年，在毛里求斯和贝宁设立了首批海外中国文化中心。进入21世纪以来，设立文化中心工作重新启动并迅速发展。2002年至2013年，相继在埃及、法国、马耳他、韩国、德国、蒙古国、日本、西班牙、俄罗斯、泰国、墨西哥和尼日利亚设立了文化中心。文化中心围绕"文化活动、教学培训、信息服务、联合译介"的综合职能，组织文化、语言、体育、旅游等多种中华文化及技能的传播和教学培训，开展联合创作和译介活动，推动长期、广泛、深层次的文化交流与合作，为国内大文化领域"走出去"、为文化贸易和中资企业形象宣传提供服务。

孔子学院：中国国家对外汉语教学领导小组办公室在世界各地

设立的推广汉语和传播中国文化与国学的教育和文化交流机构。其最重要的一项工作就是给世界各地的汉语学习者提供规范、权威的现代汉语教材；提供最正规、最主要的汉语教学渠道。孔子学院采取的是一种中外自愿合作、互利双赢的新模式。孔子学院的文化推广，不强迫，不勉强，而是平等推广，让双方变成多元化朋友，对双方都有利。这一模式顺应和推动了汉语热，全球学汉语人数已逾5000万；40个国家和地区颁布政令，将汉语教学纳入其国民教育体系。

✎ **思 考 题**

1. 如何在对外文化交流过程中塑造好"文化中国"形象、诠释好"中国梦"的文化内涵？

2. 在对外文化贸易中，如何处理好"政府—市场—社会"三者的关系？

3. 怎样理解"提高文化开放水平"对于促进地方经济社会发展的现实意义？

第 十 章

实现文化治理能力现代化

推动社会主义文化强国建设，关键在于加强和改进党的领导，加快政府职能转变，不断推动文化治理能力的现代化。必须从战略和全局出发，把握文化发展规律，健全领导体制机制，改进工作方式方法，增强领导文化建设能力。在当前，特别要完善文化管理体制，健全文化政策法规体系以及加强文化人才队伍建设。

第一节　完善文化管理体制

随着经济体制深刻变革、社会结构深刻变动、利益格局深刻调整、思想观念深刻变化，以往曾起过积极作用的文化治理体系和治理能力已越来越不适应形势的发展。改革开放以来，中国特色社会主义文化管理体制不断完善，文化治理能力显著增强，但仍面临着许多新课题，存在着许多短板，必须采取有效举措予以提升。

✧　一、加快转变文化行政管理部门职能

政府职能转变是深化行政体制改革的核心，是全面正确履行政府职能的基础，也是文化管理体制改革的基本要求和重要任务。按照建设法治政府和服务型政府的要求，推进政企分开、政资分开、政事分开、政府与市场中介组织分开，推动文化行政管理部门逐步实现由办文化向管文化转变，由微观向宏观转变，由主要依靠行政手段向综合运用经济、法律、行政手段转变，更好地履行政策调节、市场监管、社会管理和公共服务的职能。转变政府职能，需要统筹"放"和"管"的关系，做到简政放权和加强监管齐推进、相协调。加快文化立法，加强行业自律，做到科学管理、依法管理、有效管理。

深化行政审批制度改革是转变政府职能的主要途径。行政审批是现代国家管理社会、政治、经济、文化等各方面事务的一种重要的事前控制手段。随着我国社会主义市场经济体制的逐步确立和改革开放的不断扩大，原来带有计划经济色彩的行政审批制度越来越不能适应形势发展的需要。党的十八大报告提出：要推动政府职能向创造良好发展环境、提供优质公共服务、维护社会公平正义转变，推进政府向市场放权、向社会放权，推进中央政府向地方和基层放权。简政放权，必须从减少行政审批事项入手。自 2002 年行政审批制度改革工作开展以来，文化部陆续取消行政许可和非行政许可审批项目 25 项，下放 5 项，划转 3 项。国家新闻出版总署和国家广电总局自 2013 年合并为国家新闻出版广电总局以来，取消和下放行政审批项目 26 项，其中，取消和部分取消 17 项，下放和部分下放 9 项。

行政审批制度改革的不断深入，使文化行政部门进一步转变行政职能，一方面，"该管的要坚决管住管好"，强化政府的政策调节、市场监管、社会管理和公共服务的职能，完善国有文化资产的管理模式和监管办法，建立管人管事管资产管导向相统一的管理体制；把媒体管理纳入重要管理范畴，把网络管理作为重中之重，加强和改进网络内容建设，进一步提升网络监管能力，形成正面引导和依法管理相结合的网络舆论工作格局，真正让网络空间晴朗起来。另一方面，"不该管的不管不干预"，进一步简政放权、下放职能，对面向基层、量大面广、由地方管理更方便有效的事项真正"交下去""放下去"，通过购买服务、招标采购等形式让有能力的社会团体和中间机构参与文化建设，充分释放社会能量。同时，按照"导向不变、阵地不丢"原则，遵循"社会效益放在首位""更加注重意识形态属性"要求，对近年来开展的微观主体改革组织"回头看"，加大扶持力度，建立健全现代企业制度，打造合格市场主体，使企业真正进入社会主义市场经济的环境。

◇　二、健全国有文化资产管理体制

国有文化资产，是指在从事文化产品生产经营、提供文化服务的文化企业和公益性文化事业单位中，国有独资、国有控股（含绝对控股、相对控股）和其他混合所有制经济中的国有经济成分，包括有形和无形资产、经营性和非经营性资产、固定资产和流动资产。国有文化资产是推动社会主义文化大发展大繁荣的重要基础和保障。加强国有文化资产管理既是政府部门的事情又是党委的重要工作，既要保证国有文化资产保值增值又要保证文化企业正确导向。

近年来，随着文化改革发展的纵深推进，国有文化资产总量不断壮大，为推进社会主义文化强国建设提供了重要支撑和保证。同时，随着文化体制改革进入攻坚克难的关键阶段，国有文化资产管理体制相对滞后的问题逐步凸显，成为制约改革深化的瓶颈问题。国有文化资产监管体系有待健全，比如国有文化资产产权登记、清产核资、统计评价、流失查处等管理制度还不完善，对国有文化资产管理机构、国有文化企事业单位的监督机制还有待建立，国有文化资产法制化建设等保障体制还比较薄弱，国有文化资产分布也有待调整优化。目前，国有文化资产布局结构，从行业看，总体合理，在文化产业核心层占绝对优势，但在网络信息传播等文化导向作用越来越凸显的新兴文化领域不够强大。

目前，健全国有文化资产管理的重点主要集中在三个方面：一是建立健全国有文化资产管理组织框架。充分考虑宣传文化工作自身特点和管理需求，认真落实谁主管谁负责和属地管理原则，探索建立主管主办制度与现代企业出资人制度有机衔接的工作机制。明确国有文化资产管理组织的职责定位，对国有文化资产实现统一化管理，既要管理相应的事业性资产又要管理相应的经营性资产。二是加快推进国有文化企事业单位改革。国有文化企事业单位要遵守国家现行有关国有资产管理的法律法规，建立健全资产管理机构和规章制度。国有文化企业要按照现代企业制度要求，规范法人治理结构，建立起科学的股东大会、董事会和监事会等相关机构，实现不同机构之间的有效制衡，进而提高决策的科学性和有效性。三是完善国有资本基础管理，建立健全统计体系、重大事项报告制度、文化国有企业监管的规章制度、文化国有资本经营预算等。通过上市等融资方式实现国有文化企业股权结构的多元化，解决国有文化企业的一股独占或一股独大的问题。

✧ 三、进一步规范文化传播秩序

巩固发展健康向上的主流舆论是宣传思想文化工作的基本职责，加强舆论引导、规范传播秩序是完善文化管理体制的重要任务。近年来，相关部门努力健全坚持正确舆论导向的体制机制，整合新闻媒体资源，加大国家扶持力度，做强主流媒体，壮大主流声音。加大新闻媒体的宣传管理力度，着力调整广播电视结构，加大公益广告传播，整顿广告市场，整顿假新闻、有偿新闻、新闻敲诈等不正之风，坚决抵制节目过度娱乐化和低俗化，深入持久地开展"走转改"活动，着力推动节目内容创新，积极探索建立科学的内容评价评估体系。适应多媒体融合发展的新趋势，以党报党刊、电台电视台为主，推动传统媒体和新兴媒体融合发展。加强新闻从业人员培训，引导他们树立正确的新闻观，恪守职业道德，增强大局意识和责任意识，为亿万人民实现中国梦创造良好的舆论环境。

逐步构建多层次、专业化的新闻发布平台。在新闻发布方面，大胆实践，不断总结，逐步完善政府新闻发布和新闻发言人制度，使新闻发布工作向制度化、规范化、专业化方向发展。建立健全突发事件应急新闻处置机制，做好突发事件新闻发布应急预案，重大突发事件新闻发布要坚持及时准确、公开透明的原则，通过组织多种形式的新闻发布活动，实行开放有序的媒体采访，第一时间公布事实真相。要进一步加强对地方党政领导干部的培训，切实提高各级领导干部新闻舆论意识和同媒体打交道的能力。

▲ 十二届全国人大二次会议在北京人民大会堂举行新闻发布会

（新华社发 金立旺/摄）

严格新闻工作者职业资格制度。要求新闻工作者在报道新闻事件时恪守新闻客观性、公正性原则。特别是在批评报道中，应该给予被批评方以充分的发言权利和辩白的机会，以防止由于主观偏向性造成的失实和伤害。经常采取调查表、座谈会、群众评议等多种形式，征求群众的意见，听取群众的呼声，接受群众的评判。同时还要实施严格考核，建立优胜劣汰的用人机制，维护新闻工作者职业道德的纯洁，从而保持新闻工作者队伍的旺盛活力。

◇ 四、完善互联网管理体制和工作机制

现代信息技术的日新月异和互联网的迅速发展、广泛普及，对加强和改进互联网管理提出迫切要求。相关部门创新管理思路，统筹各方力量，认真贯彻"积极利用、科学发展、依法管理、确保安全"的方针，进一步健全基础管理、内容管理、行业管理以及网络违法犯罪防范和打击等工作联动机制，加快形成法律规范、行政监管、行业自律、技术保障、公众监督、社会教育相结合的互联网管理体系。

规范互联网新闻传播秩序，为公众提供真实快捷、形式多样、格调健康、内容丰富的新闻信息，营造积极向上的网络舆论生态，是互联网新闻信息内容建设的重要任务。近年来，相关部门和媒体充分发挥重点网站在信息传播中的标杆示范作用，成为引导网上舆论的主力军。加强重大主题策划，综合运用网络媒体的各种宣传手段，加大对党和政府的重要会议、重大活动和重大部署等的网上宣传力度，使党和政府的决策主张深入人心。谋划好重点新闻网站的建设和发展规划，把重点新闻网站的建设，作为党和政府占领舆论阵地、主导新兴媒体、维护信息安全、引导社会舆论的重要战略举措来抓。大力推进重点新闻网站的改革创新，解决好普遍存在的体制不活、自主经营能力不足、竞争力不强等问题，提高重点新闻网站的综合竞争能力，保证在网上的信息源头优势。落实管理责任，加大对属地网站检查指导力度，督促网站健全完善内部管理制度，提高新闻把关能力。要加大处罚力度，对屡出问题、屡改屡犯的违规网站依法依规严肃处理。

适应网络的特点，不断提高网上舆论引导能力和水平，是新时期宣传思想工作对互联网宣传提出的新要求。各地各相关部门更加主动建立信息披露机制，防范舆论危机传播。适时组织网上信息发布，满足人们对公共信息的需求。特别是要增强对突发事件的舆论把握能力和引导能力，抢占舆论引导先机和主动，最大限度地压缩小道消息、政治谣言和攻击性言论在网上的传播空间。加强网络舆情分析工作，形成舆情研判例会制度，定期对网上重大舆情进行研判，特别是要对重点网站后台监控系统过滤掉的有害信息进行分析，掌握更具动态、深层次的舆情。强化新闻网站的舆情监测功能，建立有害信息快速处理机制和网络舆情信息监控系统，使舆情掌握与堵截有害信息、加强正面舆论引导等应急处置手段有机结合。科学设置网上宣传议程，围绕时政新闻热点和网上热点难点问题，适时发表政策解读文章与正面评论，主动引导网上舆论热点。

ⓘ _ 案 例 _

"秦火火"被依法惩处

2013 年 8 月，北京警方一举打掉一个在互联网蓄意制造传播谣言、恶意侵害他人名誉、非法攫取经济利益的网络推手公司——北京尔玛互动营销策划有限公司，抓获秦志晖（网名"秦火火"）及公司其他 4 名成员。此前，一则严重诋毁雷锋形象的信息在互联网上迅速传播，许多网民向北京公安机关报警。2014 年 4 月，北京市朝阳区人民法院公开宣判，被告人秦志晖犯诽谤罪，判处有期徒刑二年；犯寻衅滋事罪，判处有期徒刑一年六个月，决定执行有期徒刑三年。鉴于秦志晖归案后能如实供述所犯罪行，认罪悔罪态度较好，法院对其所犯诽谤罪、寻衅滋事罪均依法予以从轻处罚。

第二节　健全文化政策法规体系

文化政策法规体系是中国特色社会主义法律体系的有机组成部分，是实施文化强国战略的重要保障。通过立法方式管理文化领域的事务，体现了社会主义市场经济体制下法治化的要求。

◇　一、文化立法对于建设社会主义文化强国具有重要意义

文化立法有利于将党关于文化工作的路线、方针、政策上升为国家意志，成为人们普遍的行为规范，坚持先进文化的前进方向。党在长期的革命和建设中形成的一系列关于文化工作的路线、方针、政策，是我们工作的指南。在新的历史时期，我们要坚持和巩固马克思列宁主义、毛泽东思想、邓小平理论、"三个代表"重要思想和科学发展观在意识形态领域的指导地位。文化立法工作的宗旨，就是将党的路线、方针、政策转化为具有稳定性和可操作性的行为规范并落实到文化工作的各个领域。

文化立法有利于促进文化体制改革，解放和发展文化艺术生产力。深化文化体制改革，是党中央在科学判断国际国内形势、全面把握当今世界文化发展趋势、深刻分析我国基本国情和战略任务的基础上作出的关系全局的重大战略决策。各地在改革实践中积累了大量的经验，有力地促进了文化事业的繁荣发展。文化立法可以通过法律的形式，对那些被实践证明为行之有效的做法和经验予以肯定，以保证改革的深入进行，不断解放和发展文化生产力。我国文化市场的迅猛发展和文化产业的逐步壮大，都有力地证明了这一点。

文化立法有利于保障公民基本文化权利的实现。文化立法的根本目的，是实现最大多数人的基本文化权利，包括文化创造的权利和文化消费的权利。这种权利的实现有赖于市场经济的发展，但在诸如公共文化设施建设、文化遗产保护等许多方面，又要求政府部门加强宏观调控，主动克服市场缺陷，这些都离不开文化立法的有力保障。

文化立法有利于促进中外文化交流，增强中华文化在世界范围的影响力，为人类社会的共同进步作出贡献。我国已经加入世界贸易组织，中外文化交流活动日趋频繁，交流形式也日趋多样化。健全的文化法律法规将保证这种交流的科学性和有序性，使中华文化既能保持鲜明的中国气派，又能不断吸收外国文化的有益成果，在国际交往中发挥独特作用，从而更好地为党和国家的外交大局服务。

◇ 二、我国文化立法的进展

改革开放以来，特别是党的十五大提出的依法治国方略深入贯彻以来，我国的法制建设成就显著，立法的数量和质量都有了明显的提高，法律规范基本覆盖了经济和社会生活的主要方面，文化立法也取得了较大的进展。

不断加快文化立法步伐，填补立法空白。目前，文化领域的法律有《文物保护法》《非物质文化遗产法》《著作权法》三部；行政法规有《广播电视管理条例》《广播电视设施保护条例》《新闻出版管理条例》《传统工艺美术保护条例》《娱乐场所管理条例》《互联网上网服务营业场所管理条例》《文物保护法实施条例》《公共文化体育设施条例》《营业性演出管理条例》《长城保护条例》《历史文

▲ 传承人在进行社火表演 （新华社发 刘潇/摄）

化名城名镇名村保护条例》等十多部。此外，与文化工作密切相关的地方性法规有一百三十多个，地方政府规章五十多个，文化、新闻出版广电部门还有许多现行有效的部门规章。这些法律、法规和规章的颁布施行，有力地保护了我国丰富多彩、博大精深的文化遗产，维护了文化市场的健康发展。同时，在保障公共文化服务、促进文化产业发展等方面也作出了初步探索。

适应社会主义市场经济发展需要，及时修改现行文化法律法规。文化法律法规的修改，有的重在法律制度的细化和完善，如《文物保护法》从1982年的33条扩展到2007年的80条；有的重在与世界贸易组织的规则接轨，如2001年修改《音像制品管理条例》时增加了"国家允许设立从事音像制品分销业务的中外合作经营企业"的规定；有的重在适应新形势、新技术的发展，如2001年修改《著作权法》时明确规定了"广播权""信息网络传播权"等内容；有的重在简政放权、转变政府职能，如2007年修改《文物保护法》时将国有文物收藏单位之间借用馆藏一级文物的批准权，从国务院文物行政部门下放至省级文物行政部门。文化法律法规的立、改、废是一个有机整体，共同推动了文化体制改革的不断深化，促进了社会主义文化的繁荣发展。

文化立法理论研究推向深入。配合文化立法的实践工作，文化立法理论研究越来越受到重视。2010年3月，建立了由中宣部牵头的宣传文化领域立法工作部际协调会议制度。部际协调会议把文化立法理论研究作为一项重点工作。经过数年努力，目前已产生一批研究成果，并形成了一些重要共识，如：文化立法对文化建设起着宣示、保障、促进、规范、保护等作用；文化立法的着眼点应放在实现公民文化权益、促进文化事业繁荣发展上；文化立法的主要原则有文化主权原则、文化安全原则、文化多样性原则（文化和谐原则）、公序良俗原则、文化产业与文化事业协调发展原则等。

ⓘ_ 案 例 _

《视听表演北京条约》

2012年6月26日，《视听表演北京条约》在北京缔结。这是新中国成立以来首次以中国城市命名的国际条约，将与《新加坡条约》"马德里体系""伯尔尼联盟"等世界知识产权体系齐名。该条约填补了视听表演领域在全面版权保护国际条约上的空白，将永远载入世界知识产权史册。这个条约的签署，意味着"一个全世界的孩子在北京顺利落地"。

◇ 三、文化立法面临的主要问题

与经济、教育等领域相比，文化领域的立法非常滞后。

文化法制理论研究薄弱，缺乏科学、统一的立法指导。对于文化工作的哪些领域需要法律调整、哪些领域需要政策指导，认识不完全统一。立法工作存在一定的盲目性和被动性，部门立法、经验立法现象比较严重。

文化立法数量明显不足，文化法律法规尚未形成较完备的体系。目前与文化相关的法律仅有《文物保护法》《非物质文化遗产法》和《著作权法》，行政法规只有十几部，主要集中在文化市场管理和文物保护方面。关于公共文化服务体系建设的只有《公共文化体育设施条例》一个行政法规。而且，现行文化立法主要集中在文化遗产保护和文化市场管理两个方面，保障公共文化服务、发展文化产业、促进文化交流等方面的立法则很少甚至空白，对新型文化业态缺乏及时回应。部分法律法规虽有所涉及，也因其条文多为宣示性、过渡性规范，导致执行较为困难。

文化立法效力层次较低。从当前的文化立法来看，法律、行政法规过少，大部分是行政规章、地方性法规或其他规范性文件，效力层次偏低；文化领域至今没有一部统领全局的基础性法律，难以有效避免部门立法、应急立法、经验立法等弊端。直接关系到实现和保障公民基本文化权利，本应由国家最高权力机关通过立法予以规范的事项，现在还主要依靠行政法规甚至大量的行政规章和地方性法规来调整。这种情况不仅使文化工作处于低效管理的状态，而且与《立法法》规定的立法权限划分不相适应。

文化立法的内容不适应客观现实的需要。首先，由于我国现行文化管理体制是一种部门分割状态，立法上不可避免地带有部门利益倾向，职能交叉，多头管理，看似严格，实则松懈。其次，现行文化立法所确立的法律制度带有计划经济色彩，不适应市场经济条件下出现的新情况、新问题，不适应对外开放、经济全球化的要求。再次，立法缺乏科学预测和群众参与，内容上偏重管理和规范，没有充分体现法律在保障公民实现文化权利方面的重要功能。最后，立法效率较低。分部门、分级管理的文化体制，使得每一个立法项目都需要在各部门之间多方协调，久拖不决；国家层面立法资源稀缺、战线长、任务重、人手少，某些文化方面的法律法规难以纳入立法计划。

◇　四、进一步加强文化立法工作

党的十八届四中全会作出的《中共中央关于全面推进依法治国若干重大问题的决定》强调，建立健全坚持社会主义先进文化前进方向、遵循文化发展规律、有利于激发文化创造活力、保障人民基本文化权益的文化法律制度，并对制定公共文化服务保障法、文化产业促进法、互联网领域立法等提出明确要求。这一部署明确了我国文化法制建设的性质方向和重点任务，为加强文化立法、完善文化法律制度提供了基本遵循。

第一，加强法治思维和法治理念的宣传。自由、平等、公正、法治，是社会主义核心价值观的重要组成部分；依法治国基本方略全面落实，法治政府基本建成，是到 2020 年全面建成小康社会的重要指标；善于运用法治思维和法治方式管理经济社会事务，是对各级领导干部的基本要求。要通过法治宣传教育等工作，多种形式广泛传播这些理念，在文化系统中营造加快文化政策法规体系建设工作的紧迫感。

第二，按照党的十八届四中全会的部署，推动文化领域重大法律制定取得突破性进展。全会作出的《中共中央关于全面推进依法治国若干重大问题的决定》提出，要建立健全坚持社会主义先进文化前进方向、遵循文化发展规律、有利于激发文化创造活力、保障人民基本文化权益的文化法律制度。制定公共文化服务保障法，促进基本公共文化服务标准化、均等化。制定文化产业促进法，把行之有效的文化经济政策法定化，健全促进社会效益和经济效益有机统一的制度规范。制定国家勋章和国家荣誉称号法，表彰有突出贡献的杰出人士。加强互联网领域立法，完善网络信息服务、网络安全保护、网络社会管理等方面的法律法规，依法规范网络行为。

第三，要加快推进现有的文化立法项目，填补体系空白。当前，文化领域需要尽快推动出台的立法项目有《公共图书馆法》《电影产业促进法》《文物保护法》（修订）、《著作权法》（修订）《博物馆条例》《营业性演出管理条例》等；需要抓紧起草修订的立法项目包括《广播电视传输保障法》《古籍保护条例》《水下文物保护管理条例》（修订）、《印刷业管理条例》（修订）；正在开展研究、适时起草修订的立法项目包括《广播电视法》《文化市场综合行政执法管理规定》《娱乐场所管理条例》（修订）和《应急广播管理条例》等。

第四，实行科学立法、民主立法，提高立法质量。科学立法，就是要求法律准确反映和体现所调整社会关系的客观规律，同时遵循法律体系的内在规律；民主立法，就是要求法律真正反映最广大人民的共同意愿、充分实现最广大人民的民主权利，切实维护最广大人民的根本利益。在文化立法中要将这些要求化为具体的制度，不断提高立法质量。

第三节 加强文化人才队伍建设

文化人才是指在文化领域具有一定的专业知识或专门技能进行创造性劳动并对社会作出贡献的人。培养和造就一支高素质的文化人才队伍，既是建设文化强国的迫切需要，也是建设文化强国的重要前提。

◇ 一、我国文化人才队伍建设的现状

近年来，国家大力实施"人才兴文"战略，文化人才队伍不断壮大。在主要文化领域，人才队伍知识层次有了明显提高，这主要表现在一方面学历层次的提高和具备专业职称的人员增多；另一方面涌现出一批既懂文化又擅长经营管理的复合型人才。

尽管文化人才队伍建设取得了一些成绩，但还存在着一些不适应时代发展要求的问题：一是存在阻碍文化人才队伍建设的陈旧观

念和认识。一些地方和部门没有把实施文化人才战略放到应有的位置，表现出对文化人才忽视、轻视、偏视的观念；一些领导把文化人才队伍建设视为软任务，认为可抓可不抓。二是文化人才的创新能力欠缺。主要表现为高端文化人才尤其是大师级文化创意人才严重匮乏，制约着中国文化原创能力的提升。三是战略型文化管理人才缺乏。现有的文化管理型领导人才缺乏市场竞争意识、创新精神，把握全局、驾驭全局的能力不强。四是文化人才评估制度不完善。人才评价体系尚未构建，没有真正形成靠市场机制、靠科学合理的分配政策来调动人才积极性和创造性的意识。五是文化人才的流动仍存在体制性障碍。尚未建立起与社会主义市场经济相适应、与促进文化事业大发展大繁荣相适应的人才发展机制和人事管理体制，人力资源难以优化配置，制约了文化人才的开发。

✧ 二、文化人才建设的重点

围绕建设社会主义文化强国的战略目标，从我国现阶段文化人才队伍的实际出发，文化人才建设的重点是四个方面：

一是文化经营管理人才队伍建设。以提高战略开拓能力和现代化经营管理水平为核心，大力提高文化经营管理人才对艺术生产和艺术市场需求的预见分析决策能力、运用现代经济和管理理论指导发展的能力、开拓市场和吸纳社会资金的能力，培养造就一支精通文化工作、熟悉国际国内文化市场规则，具有先进管理理念和现代科学素养的复合型、外向型文化经营管理人才队伍。

二是文化创意人才队伍建设。培养一批既有深厚的文化底蕴又有高度的想象力和开阔的国际视野的文化创意人才。培养文化创意人才，应该注重培养创意者的创新意识、创新思维和创新能力。从激发文化创意的思维来看，想象力是激发创意的核心和关键，应该特别重视对创意者想象力的开发，尤其是要注重提高创意者文化底蕴、科技创新与艺术想象三者融会贯通的能力。

三是文化艺术专业技术人才队伍建设。以提高专业水平和业务素质为核心，培养造就一支勇于改革、勇于创新、善于开拓的高素质创新型文化艺术专业技术人才队伍。重点是培养文化艺术领域的领军人才、拔尖人才以及文化事业繁荣发展急需的重点领域专门人才。

四是基层文化人才队伍建设。培养和选拔一批政治坚定、业务过硬、作风扎实、有较高文化水平的中青年同志，充实基层文化工作部门，做到组织落实、人员落实、责任明确、制度健全。要大力培养基层文化能人，即在基层从事文化专职或兼职工作，具备某一方面的特殊才能，有较强的活动能力和较大影响力的文化人才。

✧ 三、改进完善文化人才培养管理体制

坚持党管人才原则，创新党管人才方式方法。完善党委（党组）统一领导，组织人事部门牵头协调，有关部门各司其职、密切配合，社会力量广泛参与的文化人才工作格局。健全各级文化人才工作领导机构，建立科学的决策机制、协调机制和督促落实机制，形成统分结合、上下联动、协调高效、整体推进的人才工作运行机制。建立文化人才工作目标责任制和考核制度，将文化人才工作作为重要考核内容，设立专门的考核指标。发挥各级文化行政事业单位、社会组织、人民团体的积极性，形成文化人才工作整体合力。

完善文化人才的培养使用途径。培养文化人才，不能简单按照企业管理的常规来判断文化人才的价值和贡献，而是要注重文化的特殊性以及对文化产业的弹性考核和长远贡献。在深化文化事业单位人事制度改革中，要遵循文化事业发展的内在规律和文化人才的特点，从文化生活的需求出发，更新观念，创新机制，加大文化人才资源开发力度，为提升文化软实力提供人才和智力保障。首先，改革不合理的用人制度。要结合文化行业自身的特点，对不同岗位设立一套科学客观、操作性强的岗位能力标准体系，将岗位能力标准作为使用的依据、考核的方向、培训的目标。其次，改革不合理的分配制度。要建立效率优先，兼顾公平，多劳多得的收入分配制度，实行收入与绩效挂钩，工资按贡献大小拉开距离。要加大资金投入，用于紧缺文化人才的引进、有突出贡献文化人才的奖励、特殊急需文化人才的培养资助等。

改善文化人才成长的社会环境。文化人才的成长，不仅要靠个人的努力，更需要有良好的社会条件。要创新人才观念，珍惜文化人才、爱护文化人才、用好文化人才。要认真贯彻"双百"方针，在学术研究中提倡不同观点的自由讨论，在艺术创作中提倡不同风格的自由发展，努力形成尊重文化、尊重艺术的浓厚氛围，形成生动活泼、民主团结、宽松和谐的良好局面。要拓宽培养渠道，真正让文化人才能够不断进步、不断提高。要创造有利于文化人才工作的条件。对文化人才的优秀成果和作品，要通过多种方式进行宣传、推介，扩大社会影响。领导要建立经常性的联系制度，了解文化人才的工作生活情况，多办实事好事，帮助他们解决实际困难。

健全文化人才管理机制。要健全文化人才服务机制。坚持以人为本，采取有力、有效措施为文化人才发挥作用创造良好的工作环境。健全文化人才激励机制。要坚持公平原则，做到多贡献多收获，让每个文化人才都能在各自的岗位上积极贡献，从而获得相应的物质激励与精神激励。尊重文化人才的人格、意见和发展需要，为文化人才创造心情舒畅的工作氛围和良好的事业发展机会。健全文化人才评价机制。探索实施对专业技术人才、技能人才进行分类界定的方式，推进评价体系多元化。加快推进职称制度改革，完善专业技术职务任职评价方法。研究制定符合艺术人才成长规律的有关专业评审标准，继续完善专家评委库，构建评审申报工作系统。探索建立从业人员职业资格制度。建立以岗位绩效考核为基础的事业单位人员考核评价制度，健全完善党政领导干部考核评价机制。建立在重大文化工程、重大文化项目实施中培养、使用和支持人才的机制。

ⓘ _案 例_

挚 友 之 情

1998 年 7 月，河北省文联主办的《当代人》杂志刊发习近平撰写的回忆该省著名作家贾大山的文章——《忆大山》。这篇文章发表时，习近平任福建省委副书记，他回忆了在正定工作期间，与大山先生怎样相识、相知、相惜。文中所流露出的心贴心的殷殷情谊，既表现出习近平与大山同志的挚友之情，又是源于习近平对艺术家发自内心的尊重。

本章小结 ┊┄┄┄┄┄

推进文化治理结构和治理能力现代化，是形成和完善社会主义制度体系的重要组成部分，是加强和改进党对文化工作的领导、实现政府职能转变、建设社会主义文化强国的关键。主要体现在三个方面：一是要完善文化管理体制，按照建设法治政府和服务型政府的要求改革创新管理体制；二是加强文化立法，健全文化政策法规体系；三是实施"人才兴文"战略，加强文化人才队伍建设。

思考题

1. 文化立法的意义是什么？
2. 怎样根据文化人才的特点发现人才、培养人才、使用人才？

后　记

　　建设社会主义文化强国，是中国特色社会主义事业"五位一体"总体布局的重要组成部分。建设社会主义文化强国，就是要着力推动社会主义先进文化更加深入人心，推动社会主义精神文明和物质文明全面发展，不断开创全民族文化创造活力持续迸发、社会文化生活更加丰富多彩、人民基本文化权益得到更好保障、人民思想道德素质和科学文化素质全面提高的新局面，建设中华民族共有精神家园，为人类文明进步作出更大贡献。

　　为帮助广大干部学习掌握党的十八大和十八届三中、四中全会关于坚持中国特色社会主义文化发展道路，建设社会主义文化强国的新阐述、新部署、新举措，认真贯彻习近平总书记在文艺工作座谈会上的讲话精神，中央组织部组织编写了本书。

　　本书由文化部牵头，国家广电新闻出版总局、国家文物局、光明日报社、中国社会科学院、北京师范大学共同编写，全国干部培训教材编审指导委员会审定。蔡武任本书主编，杨志今、田进、孙寿山、张江、李春林、励小捷、刘川生任副主编。本书调研、写作和修改工作主要由刘玉珠、于群、饶权、张雅芳、赵雯、诸迪、于平、李雄、张永新、马文辉、张爱平、刘长权、孙若风、韩永进、庞井君、蒋茂凝、袁亚平、施鹤安、邓海云、解冰、刘利及其他编写组人员完成。参加本书审读的人员有：祁述裕、杨凤城、孙熙国。在编写出版过程中，中央组织部干部教育局负责组织协调工作，人民出版社、党建读物出版社等单位给予了大力支持。在此，谨对所有给予本书帮助支持的单位和同志表示衷心感谢。

由于水平有限，书中难免有疏漏和错误之处，敬请广大读者对本书提出宝贵意见。

编　者

2015 年 1 月

《社会主义文化强国建设》

主　编：蔡　武

副主编：杨志今　田　进　孙寿山　张　江　李春林
　　　　励小捷　刘川生

责任编辑：夏　青　段海宝

封面设计：石笑梦

版式设计：周方亚

责任校对：周　昕　高　敏

图书在版编目（CIP）数据

社会主义文化强国建设／全国干部培训教材编审指导委员会组织编写 .

　 -- 北京：人民出版社：党建读物出版社，2015.2（2015.4 重印）

全国干部学习培训教材

ISBN 978 - 7 - 01 - 014021 - 6

I. ①社… 　 II. ①全… 　 III. ①社会主义建设模式 – 中国 – 干部教育 – 教材

　 IV. ① G12

中国版本图书馆 CIP 数据核字（2014）第 227422 号

社会主义文化强国建设

SHEHUIZHUYI WENHUA QIANGGUO JIANSHE

全国干部培训教材编审指导委员会组织编写

主　编：蔡　武

人民出版社
党建读物出版社　出版发行

北京盛通印刷股份有限公司印刷　新华书店经销

2015 年 2 月第 1 版　2015 年 4 月第 3 次印刷

开本：710 毫米 × 1000 毫米　1/16　印张：14.25

字数：174 千字　印数：500,001 - 700,000 册

ISBN 978 - 7 - 01 - 014021 - 6　定价：34.00 元

邮购地址 100706　北京市东城区隆福寺街 99 号

人民东方图书销售中心　电话（010）65250042　65289539

本书如有印装错误，可随时更换　电话：（010）58587660